真宗学シリーズ 1

現代親鸞入門

信楽《しがらき》峻麿《たかまろ》

法藏館

現代親鸞入門　真宗学シリーズ1＊目次

第一章　現代の中の親鸞……3
一　現代人は心を病んでいる　3
二　ストレスの解決方法　8
三　仏教が教えるもの　12
四　宗教における救いの三類型　19
五　親鸞における仏の救い　26
第二章　浄土の偽宗か浄土の真宗か……36
一　親鸞と本願寺　36
二　浄土真宗の変質　41
三　覚如・存覚・蓮如の真宗理解　44
四　戦時教学の実態　62
五　現代の真宗教学　73
第三章　阿弥陀仏とは誰か……83
一　阿弥陀仏思想の成立　83

二　釈尊と阿弥陀仏　90
三　阿弥陀仏はどこにいるのか　100
四　阿弥陀仏の本願　111
五　浄土往生の思想　121

第四章　どうしたら仏に出遇えるか……128
一　〈無量寿経〉の教え　128
二　龍樹浄土教の教え　138
三　インド・中国・日本の浄土教　147
四　法然門下の混乱　152
五　親鸞における開顕　155

第五章　「めざめ」体験を信心という……172
一　二元的対象的な信　172
二　一元的主体的な信　179
三　親鸞における信心　186

四　矛盾構造の信心　195
五　新しい人格主体の確立　205
あとがき……215

現代親鸞入門

真宗学シリーズ1

装丁　井上二三夫

第一章　現代の中の親鸞

一　現代人は心を病んでいる

1　現代社会の性格

かつての日本の近世封建社会は、伝統主義的な共同社会として、武士の子は武士に、農民の子は農民になるという、固定化した世襲制度の社会でありましたが、近代になりますと、そういう古い体制が崩れて、新しく能力主義の原理が確立されて、力量のあるものは、身分に関係なく登用されるようになりました。

明治維新において、新しい日本を創るために働いた人々は、その多くが下級武士であり、また一般庶民の出身でしたが、この人たちは、やがて新しい近代日本社会の、最上階にまでのぼっていきました。

しかしながら、今日の現代社会においては、新自由主義の名のもとに、さまざまな構造改革がおこなわれ、またいろいろと規制緩和が進められて、社会の流動化が進んできました。その結果、いままでの終身雇用制や年功序列制などの、確かな社会制度が次第に撤廃されていくこととなり、いよいよ能力主義、業績主義が徹底され、それにともなって、社会的には貧富の格差が、さまざまな形で出現してくることとなりました。

しかもまた、それに連動して、今日では日本経済の停滞が続いて、いっこうに明るい先ゆきが見えてこない状況になっております。その意味においては、今日の日本社会における人々の不安は、いっそう深刻化しつつあります。

2　日本における自死の問題

今日の日本における自死《じし》（自殺）の数は、一〇年連続で年間三万人を超えております。多いように思われる交通事故死は、最近では七〇〇〇人台に減少したといわれることと対比しますと、まことに心の痛む数字です。

一九八〇年代から九七年までは、二万人台で推移していたわけですが、一九九八（平成十）年には三万二六六二人となり、以後三万人台が続き、二〇〇七（平成十九）年では、三万三〇九三人と報告されております。毎日平均、九〇人も自死者があるということです。

一〇万人比による自死率は二五・九人ですが、アメリカ一一・〇人、イギリス六・七人（二〇〇五年）に比べると、飛び抜けて高いといわざるをえません。

ことにこの一九九八年以降において、自死者が急激に増加した原因は、経済問題によると考えられます。すなわち、この年は、バブル経済が崩壊して、銀行の融資も厳しくなり、中小企業の経営が追つめられることとなり、また、会社経営における人件費削減の問題から、従来の雇用体制が崩壊して、新しくリストラが続出してくることとなりました。こうして結局は、社会的な弱者が切り捨てられていくこととなったわけです。他方、大手の企業や銀行は政権に護られて、法人税も納めず高利益をあげていき、それに連動して高額所得者たちもまた、所得税も値下げされて有利となり、社会的な強者はいよいよ安泰となっております。これが今日における日本の社会状況です。

最近の自死者の傾向については、男性が女性の倍以上であり、またその中でも、ことに五十歳から六十歳代が多く、その職業別については、被雇用者と無職（失職）者がもっとも多く、それに管理職と自営業者が続いております。今日の日本社会では、壮年期を迎えたサラリーマンの男性は、それぞれが働いて家族を養い、子どもを教育するという、明確な役割、責任を担っているわけですが、その点、今日のような経済的な変動によって、そういう自分の生活基盤が崩壊すると、自己自身の役割、存在意義を喪失することとなり、生きていくことの意味を見失うこととなりましょう。今日の日本における自死の最大の原因が、このあたりに存在するように思います。

なおまた、自死未遂者は、推定では自死者の一〇倍になるであろうといわれておりますから、日本における自死願望者は、毎年三〇万人を超えるということであり、まことにゆゆしき問題であります。かくして現代人は、お互いに、何らかの意味で、心を病んでいる人が多いということでありましょう。

3　ストレスということ

今日の社会生活の中では、ストレスという言葉がよく聞かれます。このストレスという英語は、圧迫、緊張などと訳されておりますが、もともとは機械工学の世界の用語であって、物体を圧縮したり引き伸ばすときに、その物体に生ずるところの「ひずみ」を意味しておりましたが、それが医学の世界に転用されて、生体の防御反応にかかわって用いられるようになり、他からの刺激や圧力によって、心に起きてくる心理的な機能変化、心の痛みをいうようになりました。

現代社会に生きている私たちは、まことに複雑きわまりない社会の仕組み、また、まことに多様な人間関係の中にあって、大人も子ども、大なり小なり、それぞれがこのようなストレス、心の痛みを味わいながら生活しているのではないでしょうか。

そのストレスが生起する原因としては、物理学的には、騒音やその他の刺激があり、生物学的には激しい運動や肉体的な苦痛などがあり、社会学的には、経済問題や対人問題などがありましょうが、その内容については、おおよそ三種類に分類できると思われます。その第一は不安、恐怖ということ、第二には怒り、腹だちということ、第三には絶望、憂《ゆう》うつという、三種類です。

第一の不安、恐怖をめぐっては、会社や自営業の経営をめぐるビジネス上の危機、自分と家族の病気をめぐる問題、人間関係におけるトラブル、葛藤《かっとう》などがあります。第二の怒り、腹だちをめぐっては、職場や家庭や近隣などでの人間関係のもつれがあります。そして第三の絶望、憂うつをめぐっては、配偶者の死、子どもとの離別などの、対象喪失の経験によるものです。

私たちの人生におけるこれらの問題の生起は、いずれも深刻な心の痛み、ストレスをもたらすものであります。そしてそのようなストレスが嵩《こう》じて、何らの解決の糸口も見いだせないようになりますと、事はまことに深刻となってまいります。上に見たところの自死の問題は、多くこういうストレスが原因であることは、すでに指摘したところであります。

二　ストレスの解決方法

1　原因の除去

そこでそのようなストレスを解決するためには、いったいどうすればよいでしょうか。それについてまず何よりも、そのストレスの発生した原因を除去すればよいわけです。物理学的な原因、生物学的な原因、社会学的な原因、それぞれの原因をよく除去し、解消すればよいわけです。そしてそれについては、信頼できる第三者に相談することも必要でしょうし、またさまざまな行政機関に対して支援を要請すべきであります。

現在では、そういう人生の危機的状況に対応するための社会体制が、決して充分であるとはいいえないとしても、それなりに整備されておりますので、それらを積極的に活用すべきでありましょう。

2　主体の改変

しかしながら、このストレスの原因というものが、どうしても除去できない場合には、そのストレス、心の痛みを感じている、自己自身の主体そのものを変革し、改変して、そのストレス、心の痛みの原因としての現実状況を、よく受けとめていくというほかはありません。

こういう主体の改変による受容については、私たちが日常的におこなっているところでいえば、心の通じる友人と酒を汲みかわして憂《う》さを晴らしたり、また旅行にでかけるなどして、気分転換を試みるということです。あるいは、特定の人物に面接して、自分の心中を吐露して相談することも大切なことでありましょう。何らかの方法をもって、ストレスに悩み、心の痛みを感じている自分自身の主体を改変して、そのストレス、心の痛みをもたらす原因を、よく受けとめるようになるということであります。

私たちの日常生活の構造は、心理学的な視点から説明しますと、「自我《じが》」を中心として生きているわけです。その「自我」とは、人間一人ひとりが、自分の内に懐《いだ》いている自分自身についてのイメージ、主観的な自己像のことをいいます。

それはたとえば、自分は子どもからは良い親と思われたい、友人からは信頼できる友だちと思われたい、そして自分自身についても、健康であって家族とともに幸福な日々をおくりたい、などという理想的な自分自身についてのイメージです。そして私たちは、お互いにそういう自己像、「自我」を懐きながら、その日々においては、それぞれが「経験的世界」の中で生きているわけです。

ここでいう「経験的世界」とは、現実の世界とは異なって、その瞬間、瞬間に、その現実の存在、現実の世界について、自分自身がどのように知覚し、いかに経験しているかという、人間一人ひとりの内的な経験、感覚的な世界、その出来事をいいます。

たとえば、ある会合に自分が遅れて入ったとき、会場の人々が自分の姿を見て笑った場合、その笑いは、自分とは関係なく、その直前の状況によって生まれた笑いであるにもかかわらず、自分について笑われたものと勘ちがいして、赤面するようなものです。このように事実とは関係がないにもかかわらず、自分自身が経験したことに反応することを、「経験的世界」というわけです。

そして私たちは、いつもそういう「自我」を中心に、そういう「経験的世界」の中に生きているわけです。そしてその自我と経験がうまく合致している場合には、人生は順調に感じられます。しかしながら、もしもその両者の間に、矛盾、ズレが生じてきますと、人生における問題、ストレス、心の痛みが生起してくることとなります。

たとえば、どうも体の調子が悪いので、病院に行って診察してもらったら、医師から、肝臓ガンの疑いがあるので改めてレントゲン検査をしましょう、といわれたとき、自分自身はまだ健康に生きて、家族を扶養しなければならない、と思っている「自我」と、いま医師から肝臓ガンかもしれないと告げられて、まだそのことが事実かどうか分からないにもかかわらず、もしもこの病気が進行していたら、自分はひょっとすると死ぬかもしれないと思う、そのような瞬間の知覚、そういう「経験的世界」とのズレです。

このように、自分はまだ元気でありたいという自我の欲求と、ひょっとすると肝臓ガンかもしれないと思う、現実における自分の経験、知覚とがズレて不一致の場合、そこでは心理的に不安定な状態に陥《おちい》り、恐怖を感じることとなります。

そしてこのように自我と経験の不一致が深刻化してきますと、そこに大きなストレス、心の痛みが生じて、その人の人生にいろいろな苦難、障害が起こり、ついには破滅にまで至る場合もあります。私たちの人生におけるさまざまな苦悩、ストレス、心の痛みというものの構造は、大なり小なり、およそこのような「自我」と「経験的世界」の不一致という仕組みをもって生起してくるわけです。

では、そういう人生における苦悩、ストレスは、いかにして解決されるべきでしょうか。そこでは何よりも、自我と経験が一致するようになることが大切です。そしてそれについては、その経験の改変ということ、すなわち、現実の事態、ストレスの原因そのものを変更させるということが重要ですが、それがかなわぬ場合には、その「自我」を変更して、いま現実に経験している状況を、ありのままに率直に受容していくことができるように、その自我概念を修正し、再編成化していくことが大切であります。

人生生活においては、そのストレスの原因の除去もさりながら、第一義的には、いかなる現実状況、その「経験的世界」が、どのように生起してこようとも、その経験をよく受容し、それによく耐え、それをよく乗り越えていくことのできるように、「自我」そのものを修正し、再編成していくことが肝要であります。すなわち、私たちは日ごろから、自分の心を充分に育てて、いかなる人生の現実に遭遇しようとも、よくそれに耐え、それを乗り越えて生きていけるような、確かな心、人格主体を育てておくということです。

三　仏教が教えるもの

1　釈尊最後の説法

釈尊《しゃくそん》は、その生涯をかけて、中インド地方を中心に、各地において仏法《ぶっぽう》を語り伝えて、多くの仏弟子と在家《ざいけ》信者を教化していましたが、最晩年になって、ガンジス河を渡り、北方に向かって遊行《ゆぎょう》の旅にでました。そしてヴェーサーリーに入って教えを説いたあと、近くの村に入って雨安居《うあんご》（雨による安住生活）を修めておりました。

ところが釈尊は、この時に激しい腹痛をわずらって苦しみましたが、さらに北行してクシナガラに至り、そこのサーラ樹の下に横臥《おうが》したまま、ついに八十歳にして入滅したといいます。それは今日の研究によれば、紀元前三八三年のことでありました。

釈尊の死が近いことを知った仏弟子のアーナンダ（阿難《あなん》）が、釈尊に最後の説法を願ったところ、釈尊は、いろいろと遺言されましたが、その中で、

アーナンダよ。今でも、またわたしの死後にでも、誰でも、自らを島とし、自らをたよりとし、他人をたよりとせず、法《ほう》を島とし、法をよりどころとし、他のものをよりどころとしないでいる人々がいるならば、かれらはわが修行僧として最高の境地にあるであろう。（『ブッダ最後の旅―大パリニッパーナ経―』岩波文庫）

と語られました。この教言《きょうごん》は、釈尊の最後の説法として、もっとも注目すべき仏教の根本教理だと思います。この教説は、漢訳経典としては、『長阿含経』『大般涅槃経』などに伝えられております。

この「自らを島とし、自らをたよりとし、他人をたよりとせず、法を島とし、法をよりどころとし、他のものをよりどころとせずにあれ」とは、漢訳経典では、「自らを灯明《とうみょう》とし、法を灯明として、他を灯明とするなかれ。自らに帰依《きえ》し、法に帰依して、他に帰依することなかれ」と説かれておりますが、それは原語において、「島」と「灯明」が共通し

ているところからそうなったもので、意味は同じであります。

はじめの「自らを島（灯明）とし、自らをたよりとして、他人をたよりとせず」とは、人間がそれぞれの人生を生きるについては、その人生がいかに不如意《ふにょい》であり、思うにまかせないとしても、決して他人に頼ることなく、また他人の責任にすることなく、自分の人生は、何事についてもすべて自己自身の責任として、しっかりと背負って屹立《きつりつ》しなければなりません。そのことを教えたものがこの言葉であると思います。

そしてあとの「法を島（灯明）とし、法をよりどことして、他のものをよりどころとせず」とは、たとえ自己自身を確立し、自己が責任をとるとしても、その自己が、自己中心的な我愛にまとわれていたのでは、まったく無意味なことであります。その自己自身の確立は、同時に、まことの道理、法としての、世界人類の普遍の原理に順ずることが重要であります。そのことを教えたものがこの言葉であります。いま釈尊は最後の遺訓《いくん》として、自らを灯明とし、自らに帰依せよ。そしてまた、法を灯明とし、法に帰依せよ。それ以外の何ものにも頼ってはならない、と教えたわけであります。

そのことは、さらにいうならば、自己の人生は、どこまでも自己責任において、自己の主体を充分に確立することを縦軸《たてじく》としながら、しかも同時に、この宇宙、世界人類の普遍の原理を横軸《よこじく》として、そのクロスする地点、そういう地点に、できるかぎり近づいて立ち続けながら、生涯をかけて生きていけよということでありましょう。私たちは、それぞれの人生において、時には背負いきれないほどの、大きな苦難に遭遇《そうぐう》することがあるかもしれません。また時にはどうしたらよいか分からないほどの、深い迷いに悩むこともあることでしょう。しかし決して、それから逃避してはなりません。

どれほどの苦難や迷惑に襲われようとも、そのすべては、自分が注文したところの自分の人生だと思いとって、しっかりと受けとめ、それを両肩に背負うて、すっくりと立ちあがるべきであります。しかも同時に、その時に、人間として生きるための基本の原理、道理を忘れてはなりません。これが釈尊の遺訓であり、それはまた、その故にこそ、仏教の根本の教説ともいいうるものであります。

2　人格主体の確立

仏教とは、私たち人間が、自己自身を厳《きび》しく問うことにより、まことの人間に向かって、少しずつ人格的な成長をとげていくことを教えるものであります。上に見たところの、釈尊最後の説法において、自らを灯明とし、自らに帰依せよ。法を灯明とし、法に帰依せよ、という教言は、法としての普遍の原理に順じて、よく自己自身の人格主体を確立して生きよということを語るものであって、まことの人間成長をとげることを、教示しているわけです。その点、仏教とは、広い意味での人間学でもあり、まさしく人間成就《じょうじゅ》の道を明かす教えであるといいうるでありましょう。

私たちが仏教を学ぶについては、何よりも自己自身の全存在をかけて、徹底して主体的に学ぶことが大切です。仏教を学ぶという場合、それをたんに二元的、対象的に学ぶならば、それは仏教を知識として理解するだけであって、そこでは人格的な変容も、人間的な成長も、何ら生まれてはきません。仏教とは、どこまでも一元的、主体的に学ばれるべきものであります。ここでいう一元的、主体的に学ぶとは、その学ぶべき対象について知ることが、そのまま自己自身について知られてくるというような学び方をいいます。

すなわち、仏教を知ることに即して知る自己が知られ、自身を知ることに即して仏教が知られてくる、という学び方です。教えを学ぶとは、あたかも鏡の前に立つようなものです。鏡の前に立って鏡を見るということは、そのまま自己を見るということにほかなりません。私が鏡を見たら鏡が私を見る。したがって、私が鏡を見るということは、そのまま私が私を見るということでもあります。しかもその鏡を通して、私が私を見る場合には、必ず私の欠点が見えてまいります。

いま仏教を学ぶとは、このように鏡を見ることと同じであって、仏教を学べば学ぶほど、自己が知られてくることとなり、自己の愚《おろ》かさ、至らなさに気づかされてくることでありましょう。このように、仏教を学ぶことを通して、自己の姿が知られてくるようになり、その至らなさが、いよいよ思われてくるようになったら、その仏教に対する学びが正確であるということです。

3　靴の中の小石

教えを学ぶ、仏教を学ぶということは、とても厳《きび》しいことであります。私は若いころから、浄土真宗《じょうどしんしゅう》の開祖、親鸞《しんらん》（一一七三～一二六三）を学ぶ、念仏を申しつつ生きていくということは、あたかも靴《くつ》の中に入った小さな石粒を、そのまま大事にしながら歩いていくようなものだと思いとって生きてきました。人生の途上において、時おりこの石粒が、チカッと足裏につき立つことがあります。とても痛い。しかし、私はその小さな石粒を大事にしながら、今日まで歩いてきました。

仏教を学ぶということは、そういうまったく異質なものを、自分自身の内に取りこみ、それを大事にして生きていくことだと思います。人間とは、そういう厳しさに出遇《であ》い、異質なものにふれて生きるところにこそ、はじめて自己自身の古い殻《から》を脱《ぬ》ぐことができ、また新しく育っていくことができるものです。

しかしまた、人間はその反面において、その教えを学び、仏教を学ぶことを通して、深い心の安らいを味わうものであります。念仏を申して生きながら、そこにこの世を超えたところの、温《あたた》かく優《やさ》しい生命に包まれて生きる自己にめざめて、深い平安の心境にひたることができます。そういう時にもまた、自己の現実を思うて、その古い殻を脱ぎ、新しく育っていくものです。人間が古い殻を脱いで新しく育っていくということは、このような厳しさと優しさが、その人の人格主体の深層のところに、バランスよく浸透し、感受されることによってこそ、よく成りたっていくものです。

このことは、人間教育の原点であって、教育学の根本原理でもあります。親鸞が、真宗念仏の功徳をたたえて、「厳父《げんぷ》の訓導するがごとし」「悲母《ひも》の長生するがごとし」(『行文《ぎょうもん》類《るい》』)と明かすものは、真宗念仏を学ぶことにおける、その厳しさと優しさを通して、念々に脱皮《だっぴ》と成長をくり返しつつ生きていくということを教示したものでありましょう。

その意味において、仏教において人格的な成長をとげるということは、その仏道におけるる厳しさと優しさに育てられながら、そしてまた、古い生命の殻を脱ぎながら、少しずつ新しい生命に育てられて、新たなる私に向かって成っていくということであります。それはまた、成ってはいない私が、少しずつマシな人間に成っていくということを意味するものであります。

かくして仏教とは、この現実のありのままなる凡夫《ぼんぶ》の私が、理想のあるべき仏としての私をめざして、少しずつ成っていくことを教えるものであります。仏教では、そのような仏に向かって成っていく人を、自由《じゆう》人といい、自在《じざい》人ともいいます。

ここでいう自由とは、自己自身に由《よ》って立つということを意味し、自在とは、自己自身において在《あ》るということを意味します。私たちが、仏法を学んで仏に向って成っていくということは、まことの自己自身に成る、まことの人格主体を確立していくことによって、いつ、いかなる時間と場所においても、つねに他人に左右されることなく、まさしく自らに由って立つ人として生き、また自らにおいて在る人として生きていくことのできる独立者《どくりつしゃ》としての人間をめざして、少しずつ成っていくことを意味するわけであります。

四　宗教における救いの三類型

1　自我充足的タイプの救い

親鸞によって開顕された浄土真宗における救《すく》いの意味を、より鮮明に理解するために、まず今日における宗教一般で語られる救いについて、いささか概観してみたいと思います。宗教における救いについては、それを大きく分類すると、第一には自我充足的タイプの救い、第二には自己制御《せいぎょ》的タイプの救い、第三には主体確立的タイプの救いがあるといいうると思います。

第一の自我充足的タイプの救いとは、自分自身の願望、欲求を、超自然的な威力、そういう神や仏の力に頼って、充足し、達成しようとする宗教において語られるものをいいます。もともと人間というものは、それぞれの胸中に宿す願望、欲求を満たすために、日々あくせくと努力を重ねているものです。私たちの日々の生活のほとんどは、ある意味では、そのための営為であるともいえましょう。

ところが、私たちの人生においては、そのような営《いとな》みの中でどれほど自分の力を尽くしても、なかなか思いどおりにならないことが多いものです。その場合、多くの人々は、さらに決意を新たにして、再びそのことに向って挑戦を試みるとか、あるいは他人の援助を求めて、何とかしてその願望を達成しようとはかるものです。

しかしそれでも、なおうまくいかず、さりとて断念もできないような絶体絶命の危機的状況に陥りますと、多くの人々は、この世を超えた絶対者としての神や仏の存在に頼り、その威力に対して祈願、祈禱《きとう》し、その助けをかりて、その危機を克服し、その願望を達成しようと思います。そしてそのような祈願、祈禱によって、何とか自分の願望がうまく成就したとき、そのことを救われた、助かった、と語る宗教があります。

たとえば、日本古来の神道《しんとう》がそうです。日本の神道は多神教で、多くの神々が、それぞれの職能、役割を分担して、世界と人間を支配していると考えます。山の神、海の神、風の神、水の神、商売の神、縁結びの神、学問の神など、人間の願望に対応して、多くの神々が語られ、それぞれの神が人間の願望をかなえてくれるというのです。

しかし、その神の威力、加護をうけるについては、人間の側からの祈願、祈禱が必要なわけで、人々は、その神に対して、自分の願望を懸命に表白し、何がしかの金銭、物品をお供《そな》えして、心を込めて祈願しなければなりません。そしてその祈願がうまく神に通じるならば、何らかの奇蹟、利益が恵まれて、願望どおりに現実状況が好転し、救いが成立するというわけです。

このような救いは、もともと古代の原始宗教に見られるものですが、現代においても、そのような宗教はいろいろと存在し、また最近では、それがさまざまな科学的な偽装をこらして登場し、人間の苦悩に対する癒《いや》しをうたいつつ、不可解な霊媒《れいばい》行為を実施したり、怪《あや》しい修行による超能力の獲得を説くものまでも出現しています。

2　自己制御的タイプの救い

第一のタイプが自分の願望、欲求をそのままにして、現実の状況を、その願望、欲求のとおりに変更しようとするのに対して、第二の自己制御的タイプの救いとは、自分の願望、欲求を、徹底して制御し、転換させることによって、現実の危機的状況がそのままでありながらも、自分自身をよくその状況に適応させていくことにより、そこに人生の平安を作りだそうとするものです。きわめて心理主義的な宗教において語られています。

私たちの人生というものは、いつも何もかも思いどおりに進むものではありません。そこで、自分の願望、欲求が、どうしても達成できないときには、その願望を小さく縮小してみたり、またその方向を転換して、第二志望、第三志望で我慢することも大切なことです。このように自分の思いを変更することによって、また新しい道を選んで努力すれば、かえって前よりも、より大きな人生の喜びをうることができるかもしれません。しかし、人間は自分自身では、なかなかその願望をコントロールできません。

そこで絶対者、超越者の存在を語り、その意志に従って生きるということを説き、それにもとづいて自分の願望、欲求を制御し、またそれを転換することによって、まったく新しい人生を創出していくことを教える宗教があります。それがこの第二の自己制御的タイプの救いを説く宗教です。

このような救いを語る宗教は、何よりもまず超越的な絶対者としての神を説き、その神は、この世界と私たちの人生のすべてを創造し、支配していると教えます。そして人間は、そういう支配者としての神を、いちずに信仰し、その意志によく従って生きるべきだと指導します。だから、たとえ現実の人生が自分の願望どおりにいかずに、厳しい危機的状況に陥ろうとも、それは神の意志によってそうなったのだから、それによく耐え、それをよく受容して生きていくこととなります。

かくしてそこでは、自分の願望、欲求が、現実の状況に対応してよくコントロールされ、制御されますから、その人生における危機的状況をよく超えて、それなりに人生の満足、平安が味わわれてくることとなり、そこにひとつの救いが生まれてきます。

そのような救いを語る宗教は、たとえば、天理教《てんりきょう》の教えに、その傾向を見ることができましょう。天理教とは、幕末から近代初頭にかけて生まれたもので、中山みき（一七九八～一八八七）を創始者とする民衆宗教です。現在では、その信者は、海外を含めて一八〇万人に及ぶといわれます。この天理教では、天理王命《てんりおうのみこと》という神を語りますが、それは天地万物の創造神であり、したがってまた、宇宙世界すべての支配者でもあるといいます。そして人々は、この神の意志に従って生きることが大切であり、それにおいてまことの幸福がもたらされると教えます。

すなわち、この天理教では神を「ほうき（箒）」と呼んで、その神を信じて生きるとは、自分中心の欲望を払《はら》い捨てて、いちずに神の意志に従って生きていくことだと説くのです。

そしてその自分中心の心を「ほこり」といい、それには「をしい（惜しむ心）」、「ほしい（欲の心）」、「にくい（憎しむ心）」、「かわいい（愛欲の心）」などの八種の心があり、それをいつも払い清めていくこと、すなわち、自分の願望、欲求をよくコントロールしていくことによって、いかなる現実状況もよく受容し、それに満足して生きることができると教えます。天理教の祈りの言葉が、「悪《あ》しきを払うて救《たす》けたまえ天理王のみこと」といわれるとおりです。かくして、このように自己をよく制御して生きるところに、まことの人生の幸福が開けてくるというわけです。

　このような自己制御を説く宗教は、今日の日本における新興宗教には多く見られる性格であり、それらは人間の苦悩を救う宗教としては、それなりの意味をもっているといえましょう。

3　主体確立的タイプの救い

　第三の主体確立的タイプの救いとは、超自然的な威力に頼って、苦悩の現実状況を変更させるのでもなく、また自己自身の願望を制御して、その現実状況によく順応することでもなく、それらとは異なって、いまひとつ、自己自身の人格主体をよく成長させ、それを正しく確立させることによって、いかなる厳しい現実状況に対しても、よくそれに耐え、またそれをよく克服して生きていくところに開けてくる、新しい人生の平安、充実の境地をいいます。

そのような救いは、仏教における仏道《ぶつどう》が本来的な目標とするものであって、仏教における救いとは、基本的には、そういう性格と構造をもつものです。もともと人間の行動というものは、人間それぞれの有機的構造体としての人格と、それを取り巻く環境状況との相関において生まれてくるものですが、その一人ひとりの人格の内面には、先天的、生得的な要素と、後天的、学習的な要素によって、複合的に形成されてきたところの多くの反応構造を内包しています。

いま仏教において、それぞれの仏道を修学、修習して、「さとり」ないしは「信心《しんじん》」をひらいて、その仏道を生きるということは、そのような後天的、学習的な要素として育成された、ある特定の方向性をもった人生態度の形成を意味するわけです。そしてそのような人生態度とは、さらにいうならば、その人格の内面において形成される、自分の人生における究極的な意味、価値、すなわち、自分自身にとって何がいちばん大事なものであるかということを、どれほど確実に選択し、決着しているかという、人生における究極的な価値体制の確立を意味するともいえるでしょう。

仏教とは、基本的には、このような主体的な人生態度、ないしはそういう価値体制をもつところの、人格主体の形成とその確立をめざすものであって、仏教における「さとり」とか「信心」というものは、まさしくそういう新しい人生態度の形成、人格主体の確立を意味するものにほかなりません。そして仏教における救いとは、基本的には、そういう主体の確立にもとづく新しい境地の展開をいうわけです。

以上、宗教における救いについて三種のタイプを掲げて説明しましたが、これは今日における多くの宗教が語る救いについて、その特性をことさらに抽出して明かしたもので、現実の諸宗教においては、それら三種のタイプが、いろいろと複合して語られている場合が多いわけです。その点については充分に注意して見られるべきでしょう。

五　親鸞における仏の救い

1　主体確立的タイプの救い

次に、親鸞における救いの意味について考えてみます。親鸞における救いとは、すでに上に見たような、第三の主体確立的タイプとしての救いに属します。そしてそのような仏教における救いの構造をめぐっては、そういう人生態度の形成、新しい人格主体の確立について、そのことは、自己自身がまことの自己自身に向って脱皮《だっぴ》し、新しい主体として成長していくことを意味するところから、仏教ではそのことを「解脱《げだつ》」といい、また「成仏《じょうぶつ》」ともいいます。すなわち「脱ぐ」といい、「成る」というわけです。

古い自分の殻を脱ぎながら、新しい自分に向って成っていく、成りつづけていくということです。この「脱ぐ」ことと「成る」ことが、仏教における救いの基本的な要件であることは充分に注目すべき事柄です。

2　仏に成るべき身と成る

親鸞においては、そのようなまことの人生態度の形成、新しい人格主体の確立について、そのような状況を伝統の浄土教理の教示に従って、しばしば「正定聚《しょうじょうじゅ》」に住すといい、「不退転地《ふたいてんじ》」に至るといい、またそういう人を「必定《ひつじょう》の菩薩《ぼさつ》」（『愚禿鈔《ぐとくしょう》』）といい、また「弥勒《みろく》におなじくらゐ」（『末灯鈔《まっとうしょう》』）といい、さらにはまた「如来《にょらい》とひとしきひと」（『末灯鈔』）などと説いています。そしてまた親鸞は、そういうまったく新しい人生態度を形成し、人格主体を確立した人について、

本願を信受するは前念命終《ぜんねんみょうじゅう》なり。
即得往生《そくとくおうじょう》は後念即生《ごねんそくしょう》なり。（『愚禿鈔』）

と明かして、その人は、その信心の開発の時点において、その前念、前の時間において古き生命を終え、その後念、後の時間において新しい生命に生まれかわるものであるといいます。また、そのような命終と即生、死と生とは、その信心の相続において、連続の非連続、非連続の連続として、念々に反復され、深化していくものであると申しております。そして親鸞は、そういう信心にもとづく新しい自己の誕生をめぐっては、

まことの信心をえたるひとは、すでに仏になりたまふべき御身となりておはします。

（『末灯鈔』）

念仏を信ずるは、すなわちすでに智慧《ちえ》をえて、仏になるべきみとなるは、これを愚痴《ぐち》をはなるることとしるべきなり。（『弥陀如来名号徳』）

などと明かし、また、

かならず仏になるべき身となるなり。（『浄土和讃』「無生忍」の左訓）

まことの仏になるべき身となれるなり。（『一念多念文意』「等正覚」の左訓）

かならず仏になるべき身となれるとなり。（『一念多念文意』「正定の聚」の左訓）

仏になるべき身となるとなり。（『一念多念文意』「阿毘抜致」の左訓）

などと語っています。親鸞はこのように信心を獲得して、新しい人格主体を確立した者は、すでに「仏に成るべき身と成った人」だというのです。親鸞は、人間の罪業性《ざいごうせい》、不実性に

ついて徹底して内観《ないかん》し、凝視していきましたので、たとえ「後念即生」として、ここにおいて仏の生命を生きる身になったとしても、なお多くの煩悩を宿して生きるこの身、今《こん》生《じょう》においては、信心の人を決して「仏」と呼ぶことはありませんでした。しかし、まことの念仏、信心の人を、このようにしばしばくり返して、「如来とひとしき人」といい、また「仏に成るべき身と成った人」だといっています。

そしてここでいうところの「仏になりたまふべき御身となる」、「仏になるべきみとなる」という場合の「み」、「身」とは、もともと大和言葉としての「み」とは、たんなる肉体、身体のことではなくて、「身にしみる」、「身にこたえる」、「身におぼえがある」などといわれるように、私たちの心、生命を含めた、全存在を包括するところの意味をもつものであって、それは明らかに、その人格主体、その人間の全存在そのものを指していることが知られます。

いま親鸞が、信心の人を呼んで、「如来とひとしき人」というのは、このような真宗における信心において、「仏に成るべき身と成る」ということであり、新しい人間として育てられ、成熟してきたところの、人格主体についていったものだと思われます。

親鸞が、このように信心の人を「如来とひとしき人」といい、「仏に成るべき身と成った人」と呼んでいることは、いままでの教学においてはまったく取りあげられませんでしたが、それは充分に注目すべきことでしょう。

親鸞においては、念仏、信心に生きるとは、このような人生態度の形成、人格主体の確立において、いっそう脱皮と成長をくり返し、それを反復しつつ生きていくということでした。すなわち、信心に生きる、信心を相続するということは、そういう営みの道を生きていくことにほかなりません。そしてそのことは、さらにいうならば、新しいまことの自己の確立として、「念仏的人生態度」の形成、「念仏的人格主体」の確立を意味するものでありました。

かくして、もしも親鸞が現代によみがえったならば、さまざまなストレスの中で悩んいる現代の私たちに対して、何よりもそういう人生態度、人格主体の形成とその確立について語り、新しく自立した人生を生きていけよと、教示することでありましょう。

3　新しい人生の展開

このような新しい人生態度、人格主体が確立されるならば、またその必然として新しい境地、新しい生き方、すなわち「念仏的人生」が展開していきましょう。そういう「念仏的人生」の境地を、真宗では仏の救いというわけです。仏教の文献において、「救済」と漢訳された原語に、ウッタラナ（uttaraṇa）という言葉がありますが、この語は、渡る、横切る、ということを意味するもので、仏教における救いとは、もともと「渡る」ということを表わします。

そしてまた、仏教においては、そういう救いのことを、「済度《さいど》」とも明かされることは、よくよくその意味を示すものでしょう。「済」の字義は水を整えることを意味して「わたる（渡）」ことであり、また「度」も「わたる（渡）」という意味をもつところ、済度とは、基本的には「わたる」ことであって、さまざまな苦悩、障害の多いこの現実の人生を、その新しく確立した人生態度、人格主体にもとづいて、よくそれを超度し、よくそれを克服していくことを意味するわけです。

かくして真宗において仏に救われるということは、このように現実の人生を、浄土をめざしつつ、あらゆる障害を乗り越えて、いちずに渡っていく、超えていくということにほかなりません。真宗において、死ぬことを「往生」というのは、まさしく超えがたい死さえもよく超えていく、渡っていく、すなわち往《ゆ》いて生きる、往いて生まれる、ということを意味するものにほかなりません。親鸞が「横超《おうちょう》」という言葉に注目して、真宗における利益《りやく》の基本が「横超」であると主張したゆえんです。かくして、真宗における救済とは、ひとえに済度（わたる）ということを意味するわけです。

その意味において、蓮如《れんにょ》（一四一五～一四九九）が、真宗における救いについて明かすのに、「阿弥陀ほとけの御袖《おんそで》に、ひしとすがりまいらするおもひをなして、後生《ごしょう》たすけたまへとたのめ」(『御文章《ごぶんしょう》』)などといって、真宗における救いを、まったく二元的、対象的に語るものは、このような仏教、親鸞が明かすところの、一元的、主体的な救いの意味とは、まったく異質な内容をもっているものであって、このような蓮如における仏の救いは、親鸞が教示したまことの仏の救いの意味とは、遠く隔絶していることが明瞭でありましょう。充分に留意すべきことであります。

4 真宗信心の利益

また親鸞は、真宗者における真実信心の功徳をめぐって、信心に生きる人には、二種の利益《りやく》が恵まれるといって、阿弥陀仏の四十八願の中の、第三十三の触光柔《そっこうにゅうなん》軟の願文と第三十四の聞名《もんみょうとくにん》得忍の願文を、『教《きょうぎょうしょうもんるい》行証文類』の「信文類《しんもんるい》」に引用しております。

その第三十三願の触光柔軟の利益とは、念仏、信心に生きるならば、その必然として、私たちの身と心とがともに柔軟になるというわけです。たとえば、昭和の初期に亡くなった鳥取県の足利源左《げんざ》さんには、こんな逸話が残っております。

ある年の正月のこと、その地区の人たちが集まって、みんなでご馳走《ちそう》を作って宴会をすることになりました。源左もその準備の手伝いをすることとなって、七輪で魚を焼いていました。魚といっても田舎のことですから鰯《いわし》ぐらいだったのでしょうか。すると村の若い者がそれを見て、「爺《じい》さん、頭を付けて焼くことはないだろう。頭は食べられないのだから取って焼けよ」といいました。源左は「そうか、そうか」といって、頭を取って焼きはじめました。ところがしばらくすると、別の若者がそれを見て、「爺さん、今日は正月じゃないか、めでたいのだからお頭《かしら》付きで焼くものよ」といいました。源左はまた「そうか、そうか」といったそうです。

そこで料理ができあがって卓の上に並んでいるのを見たら、皿の上には、頭のついた魚と頭のない魚が、行儀よく並んでいたそうです。

まことに見事です。普通ならば、頭を取って焼けといわれ、頭を付けて焼けといわれれば、「いったいどうすればいいのだ」と、大きな声でも出しそうですが、源左は、「そうか、そうか」といったままの見事な対応です。身心柔軟ということは、そういう生き方をいうわけでしょう。

鰯の頭が付いていようと取れていようと、何ら人生の出来事としては問題になることではありません。「そうか、そうか」と受け止めればそれでよいのです。しかし我執《がしゅう》、我欲《がよく》の強い人であれば、そういう状況の中ではひと悶着《もんちゃく》が起きてくるのではありませんか。源左の人格の柔らかさ、深さを思わずにはおれません。これこそが第三十三願の触光柔軟の利益であり、真宗信心の個人的な生き方の典型というべきものでしょう。

また第三十四願の聞名得忍の利益とは、念仏・信心に生きるものは、その必然として、得忍、すなわち仏の智慧《ちえ》と、それにもとづく利他《りた》なる慈悲《じひ》の心が恵まれてくるというわけです。

たとえば広島の呉市の出身で、戦前戦後を生きた、山下義信《ぎしん》（一八九四～一九八九）という真宗僧侶《そうりよ》（本願寺派）がおりました。この人はもとは在家の方でしたが、ことに道心があつい母親に育てられて若くして僧侶となり、真宗念仏ひとすじの道を生きていきました。ことにアジア・太平洋戦争において、本願寺派教団が親鸞の聖典の文章を削除するなど、無条件に戦争体制に協力することとなったとき、生命にかけても親鸞の言葉は護《まも》るべきだと主張して、厳しく抵抗し批判いたしました。

また広島市に投下された原子爆弾によって、肉親を失った多くの子どもたちがでましたが、戦後いちはやく私財を投げだして、その原爆孤児、一〇〇名を超える子どもたちを収容する施設を現在の広島市佐伯区皆賀に作り、その子どもたちの養育に献身いたしました（一九六七年に施設が閉園するまでに、三一二人の子どもたちが巣立った）。その建物は童心寺と名づけられて真宗念仏の心をもって運営され、当時は多くの人々の関心をよびました。私も若いころに、村の青年団に呼びかけて、いろいろと食糧をもってその施設を慰問し、深い感動を覚えたことがあります。

この山下氏はその後、参議院議員（社会党）になって政界でも活躍され、ことに、昭和三十四年に創建された無名戦死者の墓である千鳥ケ淵戦没者墓苑の建設については大いに尽力されましたが、このように多くの孤児を一人前に育てて社会に送りだす社会運動をいちずに推進されたわけで、個人的な利害を超えた大悲《だいひ》の活動は、まことに貴重なものであったと思われます。これこそが、第三十四の聞名得忍の願の利益であり、真宗信心の社会的な生き方の典型というべきではないでしょうか。私はここに、現代における妙好人《みょうこうにん》を見る思いがいたします。

このような先人の足跡は、このほかにもいろいろとあるわけで、私たちもまた、充分に見習いながら、触光柔軟の生き方、聞名得忍の生き方を学んで、真宗者としてのまことの道を生きていきたいものであります。

第二章　浄土の偽宗か浄土の真宗か

一　親鸞と本願寺

1　親鸞はどこにいるのか

京都市街の南部に、東と西の本願寺があり、ともに豪壮な構えをもってその威容を誇っています。これが浄土真宗の開祖、親鸞（一一七三～一二六三）の教えを伝える根本道場、浄土真宗の本山《ほんざん》であることは、多くの人々に知られているところです。

しかし、その親鸞が没して、すでに七五〇年の歳月が過ぎたいま、親鸞がのこした教《きょう》法《ぼう》は、この両本願寺に確かに伝承されているのでしょうか。私見によるかぎり、まことに疑問に思われます。親鸞の教えを研鑽する教学状況をうかがうところでは、親鸞のまことの意趣（おしえ）、浄土の真宗は、今日の本願寺教団には存在してはおりません。

なぜ私がそんなことを申すかというと、それについては、以下において検証するように、この本願寺教団をめぐる歴史的事情を精査するかぎり、ここに伝統されている真宗教義とは、親鸞の本意、その教法とはまったく異なった、似て非なるものであり、そこでは浄土の偽宗《ぎしゅう》のみが語られて、親鸞が教えたまことの真宗《しんしゅう》、浄土の真宗は、何ら教説されてはいないといわざるをえません。そこでそのことをめぐる、およその事情について説明いたしましょう。

2　覚恵と唯善の対立

親鸞は、六十歳を過ぎてまもなくのころ、それまで長く住んでいた関東の地をあとにして、懐かしい京都に帰ってきました。その時に、親鸞の末娘であった覚信尼《かくしんに》（一二二四～一二八三）は、その他の家族とともに、はじめて京都に移り住むこととなりましたが、まもなくして近い親戚の日野広綱《ひのひろつな》と結婚しました。そして十四歳にして男子覚恵《かくえ》を生み、ついで女子光玉《こうぎょく》を出産しました。ところが二十歳にして夫の広綱が死亡しました。そこで息子の覚恵を七歳にして青蓮院《しょうれんいん》にあずけ、幼ない娘を連れて父の親鸞のもとに身を寄せることとなりました。親鸞七十二歳のころのことであります。

覚信尼は、やがて親鸞が往生するときには、その臨終を看《み》とりましたが、そののちに、小野宮禅念《おののみやぜんねん》という下級貴族と再婚し、まもなく男子の唯善《ゆいぜん》が生まれました。この小野宮家は、京都東山のいまの知恩院のそばにある、崇泰院《そうたいいん》あたりの大谷の地に住んでおりました。のちに本願寺の敷地になったところです。

この禅念は、親鸞を深く尊敬していましたので、その百四十坪ばかりの敷地の一角に、関東の門弟の顕智《けんち》らの協力をえて、小さな廟堂《びょうどう》を創建し、親鸞の墓を移して石塔を建て、その影像を安置しました。それは親鸞滅後一〇年の文永九（一二七二）年の冬のことであります。

しかしその三年ののちに禅念もまた死没しました。覚信尼五十二歳のときのことです。そこで覚信尼は、夫から譲られたその大谷の土地を、関東の門弟に寄進することを決意し、その旨を門弟たちに伝えました。かくしてこの親鸞を祀《まつ》った廟堂と影像とその敷地は、門弟の共有財産となりました。そして覚信尼は、そのかわりに、この廟堂を守り、それを給仕《きゅうじ》するものは、自分の子孫の中から、門弟たちの意思にかなったものを選んで当ててほしいと申し入れました。のちの留守職《るすしき》（門主《もんしゅ》・門首《もんしゅ》）のはじまりです。

弘安六（一二八三）年、親鸞が往生してから二〇年ののち、覚信尼も六十歳で没しましたが、その前に廟堂の給仕、留守職の役を、長男の覚恵に譲りました。そしてそれについては、自分たち一家には、何らの資産もなく収入もないから、諸国の門信徒たちに支援されるほかはない、よって私の死後もよろしくという訴えの書状をのこしております。

ところが、その覚信尼の次男で、覚恵の異父弟である唯善は、この大谷の土地は、もともと自分の父の禅念のものであり、自分には父からの譲状があると主張しましたが、覚恵が役所に申しでて、それが門弟たちの共有であることが確認されました。そこで親鸞の孫である覚恵と唯善の二人が、その祖父、親鸞の墓をめぐって対立、抗争することとなりました。悲しい世俗の中の一駒です。そして両者の対立がいっそう嵩《こう》じて、親鸞滅後四十四年の徳治元（一三〇六）年の冬、覚恵は重い病気の中でこの大谷の地を退出し、その翌年の春に死没しました。

そこで唯善はその廟堂を専有することとなりましたが、関東の門弟の顕智らが上京し、覚恵の長男の覚如《かくにょ》（一二七〇～一三五一）と協力して、唯善を排除するために役所に申しでました。そこで唯善は、親鸞滅後四十七年の延慶二（一三〇九）年に、ひそかに廟堂を破壊し、その影像と遺骨を奪い、遠く鎌倉の常盤《ときわ》へ逃亡しました。いわゆる唯善騒動といわれる事件です。のちの『新篇相模風土記稿』によりますと、その地の一向堂に唯善が住んでいたと伝えております。

3　本願寺教団の創立

覚恵の長男の覚如が、その後の留守職を継ぐことになりましたが、それについては、関東の門弟たちは、再び家族の争いが起きることを案じてなかなか承認しませんでした。そこで覚如は、もしも門弟の意思に背くことがあればいつでも廟堂をでる、門弟のいかなる人に対しても決して軽侮しない、敷地内においては酒宴をひらかないなどという内容をもった、まことに屈辱的な十二条にわたる懇望状を呈して、やっと留守職に就くことができました。

やがて、破壊された廟堂が関東の門徒たちによって修復され、新しい影像も安置されて、もとのように再建されました。そしてそののちの覚如は、その廟堂を本願寺と称して寺院としての形式をととのえ、関東における門弟中心の真宗教団に対抗して、この本願寺を中心とする、親鸞の血の論理にもとづく、新しい真宗教団の創立を画策するようになっていきました。そして法然《ほうねん》・親鸞・如信《にょしん》の三代伝持の法脈《ほうみゃく》を主張して、この本願寺こそが、正統なる親鸞の教義を伝承するものであり、自分こそがその如信（一二三五〜一三〇〇）をうけて本願寺の第三代の善知識《ぜんぢしき》であるといいました。

この如信とは、親鸞の長男の善鸞《ぜんらん》の子でありますが、幼いころより親鸞のもとで育てられ、のちには覚信尼の娘の光玉と結婚して、関東の北の大網《おおあみ》（現在の福島県西白河郡泉崎村か、または石川郡古殿町という）の地に住んでいました。如信は親鸞亡きあと、ときどき京都の廟堂に参拝しており、覚如はこの如信から真宗の教義を継承したといいますが、如信は親鸞の教法を正規に学んでいたとは考えられず、まさしく血の論理によって、本願寺の正統性を権威づけただけのことであろうと思われます。

二　浄土真宗の変質

1　覚如と西山浄土宗

当時の関東の真宗教団は、親鸞直系の門弟としての顕智らが存在し、教学的には充分な実力をもっていましたが、覚如によって創設された京都の本願寺教団には、その中核となるべき信心と教学の伝統はまったく存在しませんでした。そこで覚如は、そのころすでに一定の地盤を築いて民衆に浸透しつつあった、京都の西山浄土宗《せいざんじょうどしゅう》の信心と教学を摂取することを計画し、自らその西山浄土宗の学僧であった京都樋口安養寺の阿《あ》日房《にちぼう》影空《しょうくう》（〜一三一〇）の弟子となり、西山浄土宗の信心と教学を学習することにしました。

この西山浄土宗とは、法然（一一三三～一二一二）の弟子であった証空《しょうくう》（一一七七～一二四七）によって開宗された浄土宗で、今日では京都の長岡京市の栗生《あお》の光明寺を本山として伝統されているところです。この証空は、親鸞よりも四歳年下ですが、すでに十四歳で法然の弟子となり、法然の身近に仕えて、その『選択本願念仏集《せんじゃくほんがんねんぶつしゅう》』の作成にあたっては、経釈の要文を調査し、引用する役目をはたしたといわれるほど、法然の側近の中の代表的な人物でありました。

しかしながら、承元《じょうげん》元（一二〇七）年の念仏弾圧事件の時には、師の法然や親鸞らとともに流罪《るざい》に決定しましたが、証空はひとり権力にこびてうまく流罪をまぬがれました。そしてそれから二〇年後の、隆寛《りゅうかん》（一一四八～一二二七）らが流罪となった嘉禄《かろく》三（一二二七）年の念仏弾圧に際しても、再び流罪と決定しましたが、証空はその時もまた、権力に取りいって罪をまぬがれました。

そしてこの証空は、法然の没後に西山浄土宗を開いてその開祖になったわけですが、その念仏理解をめぐっては、当時の比叡山《ひえいざん》や奈良の旧仏教教団の圧力に妥協して、浄土に往生するためには、それらの旧仏教が説くところの自力《じりき》の諸行《しょぎょう》でもよいといい、そのような諸行はすべて「念仏胎内《たいない》の善」であって、それらもまた念仏の範疇《はんちゅう》に入るものだと主張しました。

かくして恩師の法然が、その生命をかけて貫徹した「専修念仏《せんじゆねんぶつ》」の論理は、ここではまったく継承されてはおりません。このように恩師の法然を裏切って、二度にわたって権力にこびて流罪をまぬがれ、またその専修念仏の教えまで捨てて、聖道教《しょうどうきょう》に妥協したのがこの証空です。ここにはもはや法然の教えは何も存在してはおりません。

2　仏道の成立要件

もともと仏道《ぶつどう》というものは、この道こそが真実であるという、明確な選《えら》びの論理を立場としないかぎり成立するものではありません。他の思想、論理に妥協して、あれもよし、これもまたよしということでは、決して仏道というものは成立するはずはありません。親鸞が、

よろづのこと、みなもてそらごとたわごと、まことあることなきに、ただ念仏のみぞまことにておはします。(『歎異抄《たんにしょう》』)

といったように、明確な選びの論理にもとづいて、いつわりなるものを選び捨て、まことなるものを、このことひとつとして選びとらないかぎり、まことの仏道というものは成立いたしません。

その点、証空における念仏理解は、まったく世俗理没の教法でしかなく、まことの念仏

といわれるものではありません。証空によって教示されたところの西山浄土宗の念仏義とは、そういうものであったわけです。いま覚如は、そういうまったく非法然的、非親鸞的な、世俗埋没の西山浄土宗の信心と教学を学び、それを本願寺教団に導入していったわけです。

かくしてこの本願寺教団は、その最初の出発点から、親鸞の教えとは異質な教団として、似て非なる誤った道を歩みはじめていったわけであります。

三　覚如・存覚・蓮如の真宗理解

1　覚如における真宗理解

覚如における真宗理解については、覚如は如信および唯円《ゆいえん》に学んだといいますが、その両者とは人間関係はあったとしても、それから真宗教義を学んだという形跡はまったく見られません。すでにふれたように、阿日房彰空から学んだ西山浄土宗の信心と教義が、覚如の真宗理解の基本を形成していることは明瞭です。

そこでその覚如の行業論《ぎょうごうろん》については、

真実の行といふは、さきの教にあかすところの浄土の行なり。これすなわち南無阿弥陀仏なり。（『教行信証大意』）

と明かすように、真宗における行業とは、『無量寿経』に説くところの、南無阿弥陀仏なる名号そのものであるというわけです。親鸞においては、真宗における行業とは、「無碍《むげ》光如来《こうにょらい》の名《みな》を称《しょう》するなり」（「行文類」）というように、明らかに私における称名《しょうみょう》念仏であると指示しているのに、覚如はそれを仏の名号《みょうごう》そのものであるというのです。そして覚如は、

名号はもろもろの善法《ぜんぼう》を摂しもろもろの徳本《とくほん》を具せり。衆行の根本、万善の総体なり。（『教行信証大意』）

と語るように、その中にあらゆる善法徳本、万行万善がおさまっていて、この名号こそが、よく衆生の往生の「行体」となるというのです。すなわち、この南無阿弥陀仏なる名号こそが、まさしく私の浄土往生のための「行」であって、それが「安養往生の業因」（『執持《しゅうじ》鈔《しょう》』）となり、往生のための「正定業《しょうじょうごう》」となるというわけです。このように名号それ自身をもって、衆生往生の行体とするというような発想は、親鸞にはありません。それは明らかに西山浄土宗の教学を取り入れたものです。

西山浄土宗では、阿弥陀仏とは、すでに十劫《じっこう》の昔に、往生正覚《しょうがく》一体として成仏してい

るわけで、その南無阿弥陀仏なる名号とは、仏体即行《ぶったいそくぎょう》、名体不二《みょうたいふに》なる仏名であり、それはまた、その南無の二字は機と願を意味し、その阿弥陀仏の四字には法と行の意味があって、南無阿弥陀仏とは、機法一体《きほういったい》、願行具足《がんぎょうぐそく》の仏体にほかならないと考えます。すなわち、その行業をまったく二元的、客体的にとらえて、それは仏体即行としての仏の行であるというのです。

かくしてそこでは、親鸞が真宗の行業とは、その日々に念仏を申しつつ、そこに仏の呼《よ》び声《ごえ》を聞いていくことだといって、まったく一元的、主体的にとらえたものとは明らかに異なっているところです。しかしながら、これが覚如における真宗の行業の理解であります。

覚如は、親鸞が語るところの称名念仏とは、すべてそのような法体《ほったい》名号をいただいたものの、信後の報恩《ほうおん》の行業だというのです。このような称名報恩の思想もまた、西山教学が語るところです。今日の本願寺派の教団教学が説く称名報恩の主張は、まったくこのような西山浄土宗の教義に学んだものにほかなりません。

そしてその信心論については、

真実の信といふは、かみにあぐるところの南無阿弥陀仏の妙行を、真実報土の真因《しんいん》なりと信ずる真実の心なり。（『教行信証大意』）

と明かすように、その行業としての名号を対象としそれを往生の正因と信ずる心のことであるといいます。そしてその信ずる心の内容については、何ら具体的に説明することはありませんが、その信心を表わすについては、「帰属する」（『改邪鈔《がいじゃしょう》』）「帰托する」（『口伝鈔《くでんしょう》』）といい、またしばしば「帰す」という語を用いています。

この帰すという語は、西山浄土宗系の書で、彰空の作ともいわれる『安心決定鈔《あんじんけつじょうしょう》』に多く見られるもので、それが西山浄土宗における信心を意味することは明瞭です。事実、覚如はその『安心決定鈔』を大切に所持していたといわれます。

かくして覚如における信心とは、親鸞においては確かなる「めざめ」体験として、一元的、主体的な心的状態としてとらえられていたものを、もっぱら二元的、対象的な心情として理解しているのです。そしてまた、この覚如における信心論をめぐって注目すべきことは、

願力不思議の仏智をさづくる善知識《ぜんちしき》の実語を領解せずんば往生不可なり。（『改邪鈔』）

知識伝持の仏語に帰属するをこそ、自力をすてて他力に帰するともなづけ、また即得往生ともならひはんべれ。（『改邪鈔』）

平生《へいぜい》に善知識のおしへをうけて信心開発《かいほつ》するきざみ、正定聚《しょうじょうじゅ》のくらゐに住す。（『口伝鈔』）

などと明かすように、その信心とは、善知識を媒介としてこそよく成立するということです。聞其名号《もんごみょうごう》といい、仏智を領受すといい、本願に帰托するというも、そのことはすべて善知識に教導され、それに帰属することにより、その善知識を仲介としてこそ、はじめて信心は決定《けつじょう》し、往生も成立するというのです。

そして覚如は、その善知識とは、ひとえに親鸞の血統を継ぐところの自分自身であり、その子孫であるというわけです。そしてその善知識とは、「生身《しょうじん》の如来にもあひかはらず」、また「如来の代官《だいかん》とあふいであがむべき」（『改邪鈔』）ものであるというのです。この「生身の如来」とは生《い》き仏《ぼとけ》のことであり、「如来の代官」とは如来の権力の代行者ということでありましょうが、よくもまあいったものではあります。何を根拠にそんなことがいいえたのでしょうか。ここにはもはや、親鸞が「親鸞は弟子《でし》一人《いちにん》ももたずさふらう」（『歎異抄』）といったような発想は、まったく見ることはできず、覚如がそれとは異質の地点に立っていたことが、ものの見事に知られてくるところです。

覚如の実践論については、親鸞はひとえに真実信心の開発にもとづいて、まったく自立的主体的に、その信心の「しるし」を生きていけよと教示しているところでありますが、覚如はそのような教示を無視して、当時すでに日本国家の体制的な行動原理となっていた、儒教倫理を導入して、それ出世の法においては五戒と称し、世法にありては五常《ごじょう》となづくる仁・義・礼・智・信をまもりて、内心には他力の不思議をたもつべきよし、師資《しし》相承《そうじょう》したてまつるところなり。（『改邪鈔』）

というように、真宗念仏者は仁・義・礼・智・信の五常を守って生きよというのであります。

この儒教の五常とは、もとは中国の孟子《もうし》の思想に発するもので、専制君主による封建的な民衆統治の理論体系でありました。それが奈良時代に日本に移入されて以来、日本人の生活規範として定着してきたものです。ここで覚如は、そのことは「師資相承したてまつるところなり」といいますが、親鸞はその「化身土文類《けしんどもんるい》」において、儒教の原典である『論語』を否定し、またその「後序《ごじょ》」においては、「洛都の儒林《じゅりん》、行に迷うて邪正《じゃしょう》の道路を弁《わきま》うることとなし」といって、明確に儒教を批判しているところであって、こんなものを是認するはずはありません。

しかし覚如は、真宗の実践論として、このような世俗的、封建的な儒教倫理を親鸞の名において導入し、内心には信心をたくわえ、外相にはこの五常を守れといって、仏法と儒教の二元論、真《しん》と俗《ぞく》の二《に》諦論《たいろん》を主張し、それを勧励したわけです。

このような覚如の真宗理解が、その行業論、信心論、実践論のいずれにおいても、親鸞の教説とはまったく相違していることは明瞭でありますが、それは何よりも覚如の真宗理解が、西山浄土宗の信心とその教義を学んで、親鸞のそれとはまったく異質であったことによるからであります。しかしながら、今日の本願寺教団は、この覚如によって創《はじ》められていったわけであり、本願寺教団は、その最初の出発点のところから、開祖親鸞の根本意趣とは、大きくズレてスタートしていったのです。

2 存覚における真宗理解

覚如の長男の存覚《ぞんかく》（一二九〇〜一三七三）は、父を継承して、その本願寺教団の教学を形成するについて尽力しました。

この存覚の行業論については、

浄土真実の行とは、往生の行の中に仏の本願なるがゆえに正しく念仏をもつてその正因となす。ゆえに真実という。これ称名なり。余は本願に非ず、ゆえに真実に非ず。選択本願の行とは、その意また同じ、念仏は正くこれ選択本願、余は選択本願の行に非ず。ゆえに念仏をもつて真実の行といい、選択の行という。（『六要鈔』）

その生因をいうに、ただ是れ称名念仏の一行なり。（『六要鈔』）

などと明かして、称名念仏こそが、まさしき浄土の業因《ごういん》であるというわけです。その点、父の覚如が、行とは仏の名号であると理解したこととは、明確に相違するところです。存覚は父の覚如と仲が悪く、その生涯において二回も義絶されており、その原因をめぐってはさまざまな見解がありますが、このような教義理解の相違にもその原因があったであろうことが、うかがわれるところです。

存覚の信心論については、その『六要鈔《ろくようしょう》』に、いろいろと倶舎《くしゃ》教学や唯識《ゆいしき》教学の仏教文献を引きながら論じていますが、その「信」の本義について説明するところはすべて割愛して、たんに「愛楽《あいぎょう》」について明かす文章にもとづき、真宗における信心とは「愛楽」のことであると結論づけています。すなわち存覚は、それらの文献をまったく恣意的に断章取義しながら、真宗における信心とは、阿弥陀仏に対するところの二元的、対象的な帰属、帰順の心的態度のことであるというわけです。

このような存覚の態度は、父の覚如をうけて、真宗における信心を二元論的な帰属、帰托の心情と結論づけるために、あえてこのように強引に解釈したものと思われますが、今日の学問的視点からしますと、まことに稚拙きわまりないごまかしというほかはありません。しかし存覚は、このようなことが世間一般に通用し、後世においても露顕することはないと考えていたのでしょうか。存覚には、そのほかのところでも、真宗信者を愚民視《ぐみんし》する姿勢がいろいろとうかがわれるところです。

また、その実践論をめぐっては、その『六要鈔』において、『末法灯明記』の真俗二諦《しんぞくにたい》を説明して、

この書はこれ仏法王法治化《じけ》の理をのべ、すなわち、真諦俗諦、相依の義を明かす。

といい、またそれについては、

仏法、王法は一双の法なり。とりのふたつのつばさのごとし。くるまのふたつの輪のごとし。ひとつもかけては不可なり。かるがゆへに仏法をもて王法をまもり、王法をもて仏法をあがむ。これによりて上代といひ、当時といひ、国土をおさめます明主、みな仏法紹隆の御願をもはらにせられ、聖道といひ、浄土といひ、仏教を学する諸僧、かたじけなく天下安穏《あんのん》の祈請をいたしたてまつる、一向専念のともがら、なんぞこのことはりをわすれんや。（中略）世々にかうぶりし国王の恩よりは、このところの皇恩はことにをもし、世間につけ出世につけ、恩をあふぎ徳をあふぐ、いかでか王法を忽諸《こつしょ》したてまつるべきや。いかにいはんや専修念仏の行者、在々所々にして、一滞をのみ一食をうくるにいたるまで、惣じては公家関東の恩化なりと信じ、別しては領主地頭の恩致なりとしる。（『破邪顕正 抄《はじゃけんしょうしょう》』）

と明かしております。ここではきわめて明確に、真諦と俗諦、仏法と王法とは、一双の法として、鳥の両翼、車の両輪のように相依相資すべきであるといいます。いわゆる後世に

おける真俗二諦論のはじまりです。このような主張も親鸞の教示を裏切ったものにほかなりません。

　そしてまた存覚は、ここで「仏法をもって王法をまもる」といい、また阿弥陀仏とは「護《ご》国《こく》の仏」（『持名鈔』）といっていますが、親鸞においては、仏法と王法の関係においては、仏法の王法に対する絶対的優位性を主張しているのに、存覚はそれとは逆に、仏法の王法への追随、政治権力への服従を語っているわけです。

　しかもまた存覚は、伝統の本地垂迹思想《ほんじすいじゃくしそう》を取り入れて、

　それ仏陀とは神明の本地、神明は仏陀の垂迹《すいじゃく》なり。本にあらざれば迹をたるることなく、迹にあらざれば本をあらはすことなし。神明といひ仏陀といひ、おもてとなりうらとなりて、たがひに利益をほどこし、垂迹といひ本地といひ、権《ごん》となり実《じつ》となりて、ともに済度《さいど》をいたす。（『諸神本懐集《しょじんほんがいしゅう》』）

などといって、全国の神社の神々のことごとくは、その実類神《じつるいしん》、キツネやヘビを祀《まつ》った神々までもが、すべて阿弥陀仏の化現したものであるといい、日本の国は神の国であって、私たちが仏法に遇《あ》いえたのは、ひとえにこの神恩によるものであるから、それについては深く拝謝せよといいます。もともとこのような本地垂迹思想や神国思想は、かつての政治権力が、法然や親鸞の念仏を弾圧するについて用いた論理であったわけです。だからこそ、

親鸞は神祇《じんぎ》不拝《ふはい》の立場を貫いたのですが、いま存覚は、それを真宗信心の中に呼び込んでいったのです。そしてまた存覚は、現世への祈禱《きとう》、死者への追善《ついぜん》の思想とも妥協して、

現世の祈禱、亡者の追修、念仏の功力に超えたるはなく、弥陀の利益にすぐれたるはなし。（『報恩記』）

おほよそ人の死せるあとには閻王《えんおう》もつかひをつかはして娑婆にいかなる追福をか修すると検知し、亡者も肝《きも》をくだきて遺迹にいかなる善根をかいとなむとこれを悕望す。もしこれを修せずこれをとぶらはざれば、いたづらなき、いたずらにかなしみて、憂をそへ悲をますなり。あとにとどまる人、いかでか仏事を修せざらんや。（『至道鈔』）

などといって、阿弥陀仏とは、息災延命《そくさいえんめい》の仏であって、その名号の働きは、人間の不祥、国土の災難をしずめるといっています。そしてまた、今生に善業を修めることの少なかったものは、死後には迷界を流転するから、よくよく死者に対して追善供養をせよといい、その追善によって、浄土に往生した者もその地位が上昇し、さらにはまた還相《げんそうえ》廻向《こう》の威力もましてくるとまでいっております。

親鸞の教えのどこにそんなことが語られているのか、存覚における真宗理解とは、およそこのようなものであって、親鸞の原意趣からすれば、まったく変質し、脱線していることは明瞭であります。

3　蓮如における真宗理解

次に蓮如《れんにょ》(一四一五〜一四九九)については、蓮如は、上に見た覚如の真宗理解と存覚の真宗理解とでは、もっぱら覚如の教学を踏襲しています。それは覚如の真宗理解がきわめて単純で理解しやすかったことと、蓮如は若いころから西山浄土宗の『安心決定鈔』に傾倒しており、それについては、

前々住上人仰られ候。『安心決定鈔』のこと、四十余年が間御覧候へども御覧じあかぬと仰られ候。又金《こがね》をほり出す様なる聖教《しょうぎょう》なりと仰られ候。(『蓮如上人御一代記聞書』)

と伝えるほどであったわけで、覚如もまた、この『安心決定鈔』を保持していたところから、両者の間には、この『安心決定鈔』が共通項として存在していたことによるものと思われます。

そこで蓮如の行業論とは、

十方の諸仏に、わが名をほめられんとちかひましまして、すでにその願成就したまへるすがたは、すなはちいまの本願の名号の体なり。これすなはちわれらが往生をとぐべき行体なりとしるべし。(『正信偈大意』)

円満の徳号は他力の行なるがゆへに、末代《まつだい》の機には相応せりといへるこころなり。

（『正信偈大意』）

などと明かすように、真宗における行業とは、「本願の名号」「円満の徳号」だというわけです。そしてまた、その名号には、

南無阿弥陀仏といへる行体には、一切の諸神、諸仏、菩薩も、そのほか万善万行も、ことごとくみなこもれるがゆへに、なにの不足ありてか、諸行、諸善にこころをとどむべきや。すでに南無阿弥陀仏といへる名号は万善万行の総体なればいよいよたのもしきなり。（『御文章』）

などといって、南無阿弥陀仏なる名号には、日本の神々の功徳もおさめられているところの、「万善万行の総体」であり、その名号を頼めというわけで、上に見た覚如の論理をうけたものにほかなりません。

そしてその信心論については、

当流の安心とまふすは、一向に弥陀如来をたのみまひらせて、ふたごころのなきを本願を信ずる人とはまふすなり。かやうにこころえそふらふ人は、かならず、十は十ながら、百は百ながら、極楽往生し、仏になりさうらふべきなり。（『帖外御文章』）

なにのやうもなく、ひとすぢに、この阿弥陀ほとけの御袖《おんそで》に、ひしとすがりまいらするおもいをなして、後生《ごしょう》をたすけたまへとたのみまうせば、この阿弥陀如来はふかく

よろこびましまして、その御身《おんみ》より八万四千のおほきなる光明をはなちて、その光明のなかに、そのひとをおさめいれてをきたまふべし。（『御文章』）

などと語っています。ここでは信心のことを、まったく二元的、対象的に、阿弥陀仏に向って「たすけたまへ」と「たのむ」ことだというわけです。

このような表現は、もとは鎮西浄土宗《ちんぜいじょうどしゅう》が語っていたものであり、蓮如は若いころには、「たとひ名号をとなふるとも、仏たすけたまへとは、をもうべからず」（『帖外御文章』）といって、「たすけたまへ」と思うてはならないと戒め、このような表現をとる浄土宗の安心については、「それは浄花院の御心えどをりにてさふらふほどに、わろく候」（『帖外御文章』）といって批判していましたが、この浄土宗の用語が当時の民衆にひろく浸透していったところ、やがて蓮如は、この浄土宗の言葉をさかんに使用するようになったわけです。まことに無定見というほかはありません。

蓮如がこのように「たすけたまへ」と「たのむ」と教えるところでは、真宗の信心が、そっくりそのまま浄土宗の安心になっているわけで、このような蓮如における信心理解は親鸞の原意趣とは遠く離れて、まったく非真宗的な信心を伝えていると、いわざるをえないところです。

ちなみに、この知恩院を本山とする浄土宗は、法然の弟子の弁長《べんちょう》（一一六二〜一二三八）

によって創められたものですが、この弁長もその開宗にあたっては、比叡山や奈良の旧仏教に妥協して、念仏以外の諸行でも往生できると語ったわけで、そのことは「二類各生《にるいかくしょう》」といわれていますが、ここでも恩師法然の専修念仏の主張を裏切っているわけです。

ことにこの蓮如がさかんに主張した信心正因《しょういん》称名報恩の教言については、その称名報恩とは西山浄土宗が語っているところであり、親鸞が教えた報恩行とは、その「恩徳讃《おんどくさん》」が示すように、念仏の教えをひろめるという、きわめて困難な社会性をもった実践運動をいうわけで、たんに称名したら報恩行になるということではありません。

かくして蓮如における真宗理解とは、もっぱら鎮西浄土宗と西山浄土宗を模倣したものであって、そこには親鸞の原意趣は、何ら存在していないことが明瞭であります。

ことにこの蓮如における実践論については、その『御文章』によれば「信心為本《しんじんいほん》」を主張しながらも、また同時にしばしば「王法為本《おうぼういほん》」「仁義為先《じんぎいせん》」とも教えているわけです。しかもそのような王法為本、仁義為先とは、「開山聖人のさだめをかれし御掟《おんおきて》」（『御文章』）だというわけですが、親鸞がどうしてそんな「掟」などを定めるでありましょうか。まったくの虚言、ウソです。ここでも蓮如は、親鸞とは異質な地点に立っていたことが明らかであります。

このように、信心を本とせよといいながら、また王法、仁義を本として生きよというのですが、そのことは仏法と王法、仁義の道とを、その時その時に応じて、うまく使い分けて生きよということで、それは上に見たところの覚如が、内心には信心をたくわえ、外相には五常を生きよといい、また存覚が明かしたところの、真諦と俗諦の二つの論理を相依して生きよと明かしたものと、そのまま重なるものでありました。

そしてまた、蓮如における信心について注目すべきことは、蓮如は時として、その門弟にして自分の意思に叛《そむ》くものを、「御勘気《ごかんき》」といって追放し、破門《はもん》にしたということであります。

善知識《ぜんぢしき》の仰《おおせ》に違ふ事ありて御勘気をかうふる人は、不可往生と云事歴然也。（『蓮如上人仰条々』）

と語るところです。蓮如は一面では、真宗の仏道においては信心こそが肝要であると説きながら、他方においては、このようにもっとも権威主義的にふるまって、自分の意思にそわないものを、破門、追放し、そのものは浄土往生は不可であるといったわけです。そしてまた、蓮如はその反対に、自分の子どもや身内のものが世話になった将軍家の上臈《じょうろう》の春日局《かすがのつぼね》については、

この春日局も後世の道を尋申されけるが、心得よくもとどかず侍りければ、痛はしく思食、この局の後世の事は何と成すともすべきなり。愚老が請取申と、常々仰ありけ

ると也。（『蓮如上人仰条々』）

といって、信心がないにもかかわらず、自分が往生を保証し、「請《う》け取《と》る」といい、また日ごろ懇意にしており、「我は、今生《こんじょう》の事は伊勢大神宮に憑申す。後生《ごしょう》の事は法印に憑申す」といっていた医師の浄西寺に対しても、

浄西寺の後生は請取ぞと被仰也。されば常の仰にも、春日局と浄西寺との後生を、預るぞと被仰侍りけると也。（『蓮如上人仰条々』）

といって、「預《あづか》る」といっているわけです。このように信心がなくても、後生を「請け取る」「預る」とは、浄土への往生を保証するということでしょうが、蓮如にはどうしてそんなことがいいえたのでしょうか。信者や門弟を支配して、その生殺与奪の権威をほしいままにしていた蓮如の実像が、ここにはよくよくうかがわれるところです。表では信心こそが肝要といいながら、裏ではこんな行動をとっているわけで、矛盾する態度もはなはだしいといわざるをえません。

以上見てきたように、この本願寺教団は、その創設者の覚如とその長子の存覚、そしてその後の蓮如によって継承されてきたわけですが、そこで語られた信心とその教学の内実は、親鸞の意趣、その教説とは、まったく異質な似て非なるものであって、それはまさしく浄土の偽宗というほかはありません。それらはとても、親鸞の正意《しょうい》を継いだ、浄土の真

宗とはいいえないものであります。

4　その後の教学の推移

ところでその後の近世、江戸時代の本願寺派の真宗教学においては、これら覚如、存覚、蓮如の真宗理解について、それは親鸞の本意とは大きく相違していると指摘した学者が何人もおります。このことは、少しまじめに真宗教義を学ぶならば、誰しも必ず気づくことであって、この人たちは、自分の学問的良心にもとづいて、そのことを問題にしたわけであります。

しかし彼らは、いずれも当時の教団権力から徹底的な弾圧と排除をうけて、それぞれの晩年は不遇な生涯を終えています。ことにこのように主張した学者たちは、いずれもその研究態度がことに真摯であって、その教学理解についても深い学識をそなえた人でありました。だからこそ、あえてそういうことを発言せざるをえなかったわけでしょうが、私はいまこの人たちに心をよせるとき、その無念の思いに深く共感するところであり、教団が犯した罪の重大さを思わずにはおれません。しかし、いまの私には何らなすすべもなく、ただ合掌し念仏するばかりです。

かくして、近世、近代から現代に至る真宗教学は、その東西本願寺教団のいずれの教学においても、たてまえは親鸞を語るといっても、その内実は、ほとんど覚如、存覚、蓮如における真俗二諦論なる教学を語るだけであって、まことの親鸞の本義が語られることはほとんどありませんでした。いまはその近世、近代の教学については、すべて割愛せざるをえませんが、次に概観する戦時《せんじ》教学においても、そのことは同様に指摘できるところであります。

四　戦時教学の実態

1　真俗二諦の教義

そこで現代にもっとも近いところで、しかも私自身が経験したところの、過ぐるアジア・太平洋戦争下において、この東西本願寺教団の教学が、どのように発言し、行動したかについて概観してみたいと思います。

近世三〇〇年にわたる徳川幕藩体制が崩壊して、新しく明治政府が成立し、近代天皇制が確立されてきたとき、本願寺派では明治四（一八七一）年六月に、明如《みょうにょ》（一八五〇〜一九〇三）が消息《しょうそく》を発して、真俗二諦の法義をあやまらず、現生には皇国の忠良《ちゅうりょう》となり、罔極《もうごく》の朝恩に酬《むく》ひ、来世には西方の往生をとげ、永劫の苦難をまぬかるる身となられ候やう、和合を本として自行化他《じぎょうけた》せられ候はば、開山聖人の法流に浴せる所詮此うへはあるまじく候。

といって、新しく真俗二諦なる真宗教義を示し、真諦とは「来世には西方の往生をとげ」ることであり、俗諦とは、「現生には皇国の忠良とな」ることであって、その両者は相依相資すべきであり、そのことは「祖師相承の宗義」であるというわけです。かくしてここに、覚如、存覚、蓮如が主張してきたところの、真俗二諦、信心為本、王法為本の論理が、まさしく真宗教義として公認、確定されたわけです。

そして明治十九（一八八六）年一月に制定された本願寺派の「宗制」において、また同年九月に制定された大谷派の「宗制寺法」においても、ともにこの真俗二諦が真宗教義として、明確に決定されたのです。

しかしながら、このような真俗二諦の教義というものは、親鸞の著述のどこを探《たず》ねても、決してでてくるものではありません。そのことはすでに見たように、親鸞没後における覚如、存覚、蓮如の真宗理解にもとづき、それを近代天皇制国家体制に見合うように、いっそう理論化しただけのことであって、親鸞の教法とは、まったく無縁であり、むしろそれに背反するものであったわけであります。そして東西本願寺教団は、それ以来、このような真俗二諦の論理にもとづいて、やがてはじめられたアジア・太平洋戦争に、全面的に協力しつつ、自己自身を完全に喪失していったのです。

2　アジア・太平洋戦争と本願寺教団

すなわち、東西本願寺教団は、昭和初期以来、基本的には、当時の国家体制の動きに敏感に反応しつつ、もっぱらその権力に追随していったわけであり、昭和四（一九二九）年には、政府は国民の思想善導、その統制政策の一貫として教化総動員なるものを実施しましたが、本願寺派教団はそれに協力して臨時特別伝道をおこない、三五〇万の信者を動員したといいます。

昭和六（一九三一）年九月には満州事変がはじまりましたが、その十月には、本願寺派の元法主大谷光瑞《こうずい》（一八七六〜一九四八）は『支那事変と我国民之覚悟』を著わして、軍部の行動を称讃し、「我等仏教徒は、大聖世尊の遺訓より、協力一致し、正義の為に戦はざるべからず」と主張しました。

そして昭和十（一九三五）年十二月に開かれた真宗各派の代表者と軍部の懇談会では、真宗教義とは天皇のために死ぬる態度を与えるものである、と申しております。また昭和十二（一九三七）年七月にはじまった日中戦争に続いて、翌年四月には国家総動員法が公布されましたが、東西本願寺教団はそれに呼応して、門信徒に向い、国策に順応し皇道の宣揚につとめるべきことを教示し、報国《ほうこく》運動を展開していきました。

また昭和十四（一九三九）年七月、本願寺派教団では『興和精神と仏教』（梅原真隆著）を刊行して、「日本の戦争は、それが天皇陛下の御名によって進めらるるのであるから正しい。すなわち聖なる戦である」といいました。いわゆる聖戦論《せいせんろん》の主張です。

やがて昭和十六（一九四一）年十二月、日本は太平洋戦争に突入しましたが、大谷派の暁烏《あけがらす》敏《はや》（一八七七～一九五四）は、翌年八月に『臣民道《しんみんどう》を行く』を著わして、この戦争は、

　神が人類を浄化せられるみそぎはらひの活動である。

　仏となられた釈尊のすがたの上に、英米に対して戦を宣して立ちあがった日本帝国の雄姿を発見し、合掌恭敬の念を禁ずることが出来ない。

　お勅語を飛行機で運んでいかう。お勅語を軍艦で運んでいかう。大砲でお勅語を打ち込もう。

などといいました。そして昭和十九（一九四四）年四月になると、本願寺派教団では戦時教学指導本部なるものを設置し、教団の総力をあげて戦争協力体制を組織しました。戦争がいよいよ絶望的状況となった昭和二十（一九四五）年五月には、本願寺派の大谷光照《こうしょう》法主（一九一一～二〇〇二）は、「皇国護持の消息」を発して、

念仏の大行は千苦に耐へ万難に克つ。国難何んぞ破砕し得ざることあらむや。遺弟今こそ金剛の信力を発揮して念仏の声高らかに各々その職域に挺身し、あくまで驕敵《きょうてき》撃滅に突進すべきなり。

といい、またその年の六月には、大谷派の大谷光暢《こうちょう》法主（一九〇三〜一九九三）も「殉国必勝の教書」を示して、

念仏もろともに大義につき皇国を死守すべし、我自ら陣頭に立たん。

といいました。そのころに掲げた教団のスローガンは、

国難を救うものは三宝なり。祖訓の本領ひとえに奉公に帰す。今ぞその念仏を捧げて、皇国を護持すべきなり。（本願寺派）

迷う勿《なか》れ、皇軍は必勝す、襲敵何事かあらん。苦しむ勿れ、草を食べ野に臥《ふ》すとも、護国の勤めは楽し。悩む勿れ、本願名号信ずべし。（大谷派）

というものでありました。まことに壮烈というほかはありませんが、真宗教団はこのようにして、日本ファシズム体制に完全にからめとられ、また自ら進んでその侵略戦争に荷担し、その教学を戦時教学、決戦《けっせん》教学と名づけつつ、もっぱら真宗信者をして、その戦列に向けて動員していったわけです。

この戦時教学がもった基本的な特質としては、第一に全面的に神道イデオロギーに妥協

したこと、第二に天皇制権威に追随したことでありました。

3　神道イデオロギーへの妥協

戦時教学の第一の特質である神道イデオロギーへの妥協については、真宗信心とは、その原点としての親鸞の意趣によれば、明らかに「神祇《じんぎ》不拝《ふはい》」の立場に立つべきものでありました。しかしながら、国家権力が、伊勢神宮の大麻《たいま》を全国の家庭や職場に奉安《ほうあん》するよう指導することとなったとき、本願寺派教団は、昭和五（一九三〇）年には拝受奉安しないようにという見解を表明していましたが、日本ファシズムが急進するに従って、教団当局における姿勢は次第にあいまいとなり、昭和十三（一九三八）年十二月に、本願寺派は全国の門信徒に対して、

国民道徳としての敬神を奨励し来れる本宗としては、之を拝受して丁重に崇敬を致すが俗諦教義上、至当と存ぜられ候。

と通達いたしました。真諦では阿弥陀仏一仏への帰依を語りながら、俗諦では神祇崇敬もまた至当というわけです。驚くべき変貌です。そして昭和十五（一九四〇）年十月には、真宗各派協和会の名のもとに、

一、大麻は皇大御神の大御璽として配授せられるものなるをもって、宗教の如何を問

わず、皇国の臣民たるものは、報本反始《ほうほんはんし》の誠意を抽《ぬきん》で等しく拝受すべきものなり。
一、一般奉安の形式は特に適宜の施設を用ひ、不敬に亘らざるよう注意すべし。
一、寺院にありては庫裡《くり》の適処に奉安すべし。

などと指示したわけです。それは親鸞に学ぶべき真宗信心の安全な自己喪失であり、国家神道イデオロギーへの全面的な屈服を意味するものでありました。

このような傾向は、当時の戦時教学にも明瞭に見られるところです。すなわち、大谷派の曽我量深《そがりょうじん》（一八七五〜一九七一）は、昭和十六（一九四一）年二月に、

日本の神と弥陀は似ている。弥陀は吾々の祖先だと思ふ。天照大神《あまてらすおおみかみ》も吾々の祖先で似ている。

大慈救世聖徳皇、父のごとくにおはします、大悲救世観世音、母のごとくにおはします、その聖徳皇のかはりに天照大神を、観世音のかはりに弥陀を立ててよい。父と母は形は二つあるが絶対である。子より見れば一体である。

国家のために死んだ人なら神となるのだ。神になるなら仏にもなれる。弥陀の本願と天皇の本願は一致している。（「真宗教学懇談会記録」）

と語っています。また大谷派の金子大栄《かねこだいえい》（一八八一〜一九七六）も、昭和十六年二月の同じ懇談会の席で、

仏の御国が神の御国となることは間違いない。祖先の国は浄土であり、浄土の聖典は国民の聖典である。浄土の念仏がそのまま神の国への奉仕である。（「真宗教学懇談会記録」）

と語り、また昭和十七（一九四二）年には『正法の開顕』を著わして、仏法とは「神道の一部」であるといい、

皇国の道というものが、即ち我々の遵守すべきものである。仏の教というものは、それの縁になるものである。

といっています。そして本願寺派の普賢大円《ふげんだいえん》（一九〇三〜一九七五）は、昭和十八（一九四三）年八月に『真宗の護国性』を著わして、親鸞が説いた自然法爾《じねんほうに》とは、日本伝統の「神ながらの道」であると論じて、

されば神ながらの道とは、これをもって概括的に定義するならば、天壌無窮と天皇中心といふことをその形式となし、天皇を現人神《あらひとがみ》と仰ぎ、これに絶対随順し、何事につけ大御稜威《おおみいづ》と仰ぐ自然法爾性をその性格とする。

敬神《けいしん》と信仏《しんぶつ》とは、何等衝突するところなく存在し得るのであるが、この両《ふた》つの道は単に衝突しないといふに止まらず、相互に他を顕揚し、深化せしめる。神を敬うことといよいよ深ければ深きだけ、われわれは仏を信ずることの強さを加へ、仏を信ずること

ますます強けれぱ強きだけ、われわれは神を敬うことの深さを加へる。

と語っています。いずれも当時の代表的な真宗学者の主張です。日本古来の民俗的な習俗でしかない神祇崇拝への、徹底した癒着、転落であって、真宗信心の見事なまでの国家神道化というほかはありません。

4　天皇制権威への追随

戦時教学の第二の特質である天皇制権威への追随という問題については、その原点としての親鸞の意趣によれば、明らかに「国王不礼《ふらい》」の立場を貫徹すべきでありました。しかしながら、真宗教団は、明治維新以来、新しく確立された近代天皇制に対して無条件に隷属してきましたが、ことに明治九（一八七六）年十一月には、東西本願寺教団は共同して請願し、親鸞に対する「見真《けんしん》」なる大師号を賜り、ついで翌年には勅額《ちょくがく》を下付されてその光栄に感激しました。

また大谷派教団においては、もともと阿弥陀堂の本尊須弥壇《しゅみだん》上の両脇に天皇の尊牌《そんぱい》を安置して礼拝していましたが、大正三（一九一四）年には、全国の末寺に指令して同様に奉安せしめることとしました。また本願寺派教団では、昭和十五（一九四〇）年四月に、真宗聖典の中から天皇権威に抵触する文言を選んで削除することを決定し、末寺に通達するということがありました。

そして大谷派の暁烏敏は、昭和十（一九三五）年一月に『神道と仏道』を著わして、

今上陛下の御真影の御前にお念仏を称へてまいることが出来るのであります。そして生仏《いきぼとけ》としての天皇陛下を仰がせてもらふことが出来るのであります。

と語って、天皇は「生仏」であるとまでもいいました。また本願寺派の佐々木憲徳（一八八六～一九七二）は、昭和十七（一九四二）年六月に著わした『恩一元論』によりますと、

真宗では根本弥陀の願意よりして、人の世に処し国民としての生活をなすに於ては、王法を以て本とし、勅命に絶対随順したてまつれと教えているのである。したがって反対に叛逆罪を犯かすものは、弥陀もこれを救はないと除却してある。

仏教徒は仏に帰依せるまま、その他の宗教ではそれぞれの崇拝対象を信仰せるまま、宗教圏内より国家圏に移り来たるとき、国体仰信として無上最上の絶対随順を、畏《かしこ》くも天皇陛下にささげたてまつるのである。

と主張しております。そしてまた本願寺派の加藤仏眼《ぶつげん》（一九〇一～一九六九）は、昭和十九（一九四四）年八月に『念仏護国論』を著わして、

大東亜圏内が、吾が万世一系の天津《あまつ》日《ひ》嗣《つぎ》の御治世下に於てのみ真実なる平和と幸福を恵まれ得るであろうのみならず、全世界がわが聖明なる御稜威《みいづ》の翼下に於てのみ、は

じめて真実の平和、真実の幸福を謳歌するに至ることを得べき筈である。

などと明かしています。いずれも徹底した如来の本願、真宗信心の名による天皇帰一の論調です。

ここではいっさいの世俗権威を厳しく相対化し、「国王不礼」を主張した親鸞の根本意趣はまったく見失われています。戦時教学とは、これほどまでに天皇制権威にからめとられ、護国真宗化していったのです。

かくして、かつてのアジア・太平洋戦争下において形成していった、東西本願寺教団の戦時教学とは、上に見たように、日本の神道イデオロギーに全面的に妥協して、真宗信心をして神道化せしめたわけであり、またその天皇制権威に拝跪《はいき》して、真宗信心をして国家真宗に変貌せしめたわけであります。

その点、戦時教学とは、真宗信心そのものの、完全なる自己喪失ということ以外の、何ものでもなかったわけであります。そしてこのような東西本願寺教団における戦争翼賛の問題をめぐっては、すでに教団外の歴史学の視座からも、痛烈な批判が加えられていることを忘れてはならないと思います。

五　現代の真宗教学

1　真宗学の戦争責任

ところで、現代、今日における東西本願寺教団の真宗教学は、いったいいかなる性格をもっているのでしょうか。

この本願寺教団においては、上に見たような戦時教学は、戦後の今日に至るまで、本願寺派、大谷派のいずれにおいても、その責任については、まったく問われることもないままに放置されています。私はただ一人、この戦時教学の誤謬《ごびゅう》性を早くから問いましたが、かえって教団権力からは徹底して弾圧をうけていまに至っています。東西本願寺教団の真宗学において、戦時教学を問うたものは私以外には誰もいません。誰もが沈黙して何もいいません。ただ私だけがいまも孤塁を守りつづけているところです。

そしてまた、戦後新しい現代教学の樹立が叫ばれて久しいことですが、いまもって戦時教学、さらにまた、それを生みだしてきた伝統の真俗二諦論については、それを本格的に検討し、批判し克服する教学は何ら成立してはいません。上に申したところの戦時教学を構築し、それを主唱した教学者たちは、戦後において誰ひとりとして、戦時下の自分の信心が誤っていたといって懺悔《さんげ》し、自己批判をした者はいません。その自己責任は何も問わないままに、その全員が、再び龍谷《りゆうこく》大学や大谷《おおたに》大学の教壇に立って、仏法を説き親鸞を語りつづけたわけであり、またそれぞれ東西本願寺教団の教学の重鎮として、長くその座を占めていったのです。

しかしながら、この戦時教学が何ら問われることがないとしても、その誤謬は歴然としており、やがてはいつの日にか、その真宗教学史において、厳しく告発され批判される日が来ることでありましょう。そしてまた、この戦時教学をそのまま黙認するならば、これからの真宗教学は根本的な矛盾に逢着せざるをえなくなることでしょう。

すなわち、その当時の真宗教学者たちが、真宗念仏者の行動原理、生活規範として、天皇絶対、国家神道の原理にもとづいて、日本帝国の臣民道、その忠孝の道をさかんに鼓吹《こすい》したことが、真宗信心に照らして全面的に錯誤であったことは、今日誰の眼にも明らかなことです。とするならば、真宗信心にもとづいて、その必然の原理として構築、主張されたはずの戦時教学が誤りなれば、また当然に、それを構築した信心が全面的に誤謬であったということになるはずです。

戦時下の自分の信心が誤っていたといわないかぎり、その戦時教学における行動原理、俗諦の理解は誤っていたとしても、その真諦の理解、信心だけは正統であったということになるわけでしょう。とするならば、真宗における信心とその生活、行動原理とは、まったく別であるといわざるをえず、それこそまさしく真俗二諦以外の何ものでもないことになりましょう。

かくして戦時教学が問われないかぎり、上に見た覚如、存覚、蓮如によって教示された真俗二諦論はいよいよ健在であり、この真俗二諦論が根底から否定されないかぎり、信心と生活とはまったく無関係となって、その真宗教学においては、真宗信心ひとすじに生きた親鸞の教法は、決して明らかになることはないでしょう。

2　現代の真宗実践論

事実、戦後の真宗教学においても、戦時教学の不問と表裏して、信心と生活、その実践は別だという真俗二諦論が依然として主張されているわけです。普賢大円は昭和三十四（一九五九）年に『信仰と実践』なる著書を出版して、真宗念仏者の実践について論述していますが、そこでは、

真諦は如来廻向《えこう》の法、俗諦は人間本有の理性によるものにして、二者は全くその本質を異にするが、真諦は俗諦に対して薫発の作用をなすというのである。薫発とは信心

をうれば法徳が内より薫じて、人間固有の五倫五常の性を現行せしめる。例えば提《ちよう》灯《ちん》に記号ありと云えども、暗夜にはこれを弁ぜないが、内に燭を点ずれば定紋鮮やかに見えるが如きをいう。（中略）道徳なる現象と宗教なる現象との間には、必然的関係ありとは云い難い。然しながら宗教を信じつつある一個の人間における、両者の関係を見る時、両者は必然的関係ありと云うことにならざるを得ない。即ち宗教の信仰は、これをもって道徳の知識と修養との上に加うる時は、その実践に於いて動力を与え、行為の価値を高める作用をなすのである。

と語っています。その主張するところは、真諦とは、真宗信心のことで、それは如来によって廻向されるものであり、俗諦とは、信心とは関係のない人間本有の理性によるもので、それが日常生活における実践となってあらわれることをいう。したがって、真諦の真宗信心と、俗諦の人間理性にもとづく行動実践とは、その本質を異にして、両者は直接には関係はないというわけです。

ここでは念仏者の生活原理は信心にもとづくものではなくて、もっぱら人間本有の理性によるといいますが、その本有の理性とは、より具体的には何を意味するものか明確ではありません。ともあれ、その生活が信心とは関係なく、人間理性によるというかぎり、そこでは世俗の全価値を、「そらごと、たわごと」と否定し、それを超克する契機は何も存在せず、帰するところは、ここではつねに、現実の国家体制に順応して生きていくことを教えるだけでしょう。

この普賢氏は、戦時教学にも加担したわけであって、その点からすれば、自分の信心とは無縁なる人間本有の世俗的な理性によって、戦時教学を主張し、またその本有の理性によって、戦後教学を語っているというわけでしょう。自分の信心とは、まったく関係のない世俗のところで、自分の日々の行動、生活は成りたっており、その教学もまた、信心とは無縁なものとして形成してきたというのです。とすれば、普賢氏にとっては信心とはいったい何であったのでしょうか。まことに理解しがたい真宗理解です。

ただし普賢氏は、信心とは、その人の日常生活に対して、「その実践に於いて動力を与え、行為の価値を高める」といいます。「動力を与える」とはいかなることを意味するのか、信心に生きる人は、その日常生活において、信心のない人に比べると、より元気に行動するというのでしょうか。また「価値を高める」とはいかなることを意味するのか、まったく同じ行為をしても、信心の人の行為には価値が高く、信心のない人の行為は価値が低いというのでしょうか。まことに観念的な発想といわざるをえません。

いずれにしても、ここには覚如、存覚、蓮如の教学以来伝統されたところの真俗二諦論が、戦後の今日においても、見事に継承されているわけです。しかしながら、この主張のように、真宗信心が現実の日常生活には直接的には何ら関係ないとすれば、そのような真宗信心は、現代人の人生生活にとって、何の意味があるというのでしょうか。

このような観念的な真宗信心論や真宗実践論が、現代人によく受容されるはずがありません。こんな教義理解にもとづく布教、伝道をしているからこそ、大衆は寺院に参詣しなくなったのです。

こうした理解は、戦後の大谷派の稲葉《いなば》秀賢《しゆうけん》（一九〇一～一九八五）にも見られるところです。この稲葉氏には、「真宗に於ける倫理」「掟《おきて》の倫理」（『真宗教学の諸問題』、一九七九年）などの論文がありますが、それらによると、真宗信心に生きるものは、その信心がもつところの至徳具足の利益の必然として、たくましい社会的実践が、「せずにはいられぬ世界」として生まれてくるといいます。そしてそれについては、教団には必然的に、信者の行動原理を規定する「掟」というものが生まれてくるといい、その掟とは、まさしく「如来の掟」であり、蓮如の論理でいうならば、

王法は額《ひたい》にあてよ、仏法は内心に深く蓄よという態で説かれねばならぬのである。従って社会的存在としての教団は、信仰を代表するものとして、仏法を内心に深くたくわえよといいながら、それは内心であり、却って表面にあらわれる凡《あら》ゆる行為的行業の背後的な支えとして説かれ、表には常に王法を本とせよと説かれる。

ということであるといいます。ここでは王法としての国家的な価値体制が全面的に肯定されており、それにもとづく掟をつくって、真宗者はそれに従って生きよというわけですが、それもまた、しょせん伝統的な真俗二諦論の範疇の中の真宗実践論でありましょう。

ともあれ、これが戦後の今日における東西本願寺教団の真宗教学が語る、真宗念仏者の社会的実践論です。その点、私からあえて申すならば、あれほどまでに脱線し、自己自身を喪失した戦時教学を何ら問うことなくして、依然として同じ真俗二諦論を語る戦後教学とは、親鸞の本義から遠く逸脱した、まったくの偽瞞《ぎまん》の教学、浄土の偽宗以外の何ものでもないといわざるをえません。

かくしてこの本願寺教団においては、真宗念仏者の実践論としては、その創始者の覚如以来、存覚、蓮如によって主張され、それが近代において真宗教義として規定されたところの真俗二諦論が、戦時教学を経由して、いまもって伝統されているところですが、このような真俗二諦論は、親鸞の教法のどこにも存在せず、それはまったく親鸞を裏切るところの非真宗的な論理にほかなりません。

その意味においては、この本願寺教団には、親鸞は存在しないといわざるをえないわけです。私が上において、この東西本願寺教団が教える真宗教義とは、親鸞の本意とはまったく異なった、似て非なる教義を語っているのと申したゆえんであります。

3　親鸞が教えた道

親鸞が教えたところの真宗念仏者の実践論とは、ひとえに信心の「しるし」を生きていけよということでありました。この信心の「しるし」を生きるとは、それについて、簡潔にまとめていいますならば、親鸞が教えた真宗信心とは、まったく一元的、主体的な「めざめ」体験を意味するものであり、それはその必然として人格変容をもたらすこととなり、それにおいて新しい人格主体、責任主体が確立されてくることとなります。

かくして真宗信心を相続し、その信心を生きるということは、そのような信心主体にもとづいて、いままでの既成の生活原理、価値体制を超えたところの、新しい自立的主体的な価値体制に従って、選んで行動することができるようになります。そういう生き方を、信心の「しるし」を生きるというわけであります。

ことに現代社会は、伝統の原理倫理が崩壊し、また価値観もいよいよ多様化していき、何が善であり何が悪であるかは明確には分別しにくくなって、人間はいかに生きるべきか、まことに複雑、不透明な時代になってきました。そしてまた、ことに現代における社会状況は、不合理な経済構造によって、いっそう所得格差が拡大し、庶民の生活はますます厳しさを増しております。

そのような困難な状況のただ中にあって、人間としてのまことの道を生きていくということは、まさしく自分自身の全主体をかけて選んで歩むほかはありませんが、いま親鸞が教えるところの信心の「しるし」を生きよということは、真が俗の中に貫徹していくということ、真諦一貫の論理でもあって、その信心主体にもとづいて、その日々の現実状況のただ中において、自らがその念仏、信心にもとづいて、選んで生きていく道を教えるものであります。

その意味において、伝統の真俗二諦論が、真諦、信心とは、仏法が教えるところの後生《ごしょう》、来世の安楽をうるためのものであり、俗諦、生活とは、現実の社会体制の原理にもとづくところの、現実の人生生活の生き方という、真と俗、仏法と社会、後生と今生《こんじょう》の、二元論的な原理を語るものとは、明確に相違するところです。

そしてこのように、真宗念仏者のまことの生き方としての、信心の「しるし」を生きるという親鸞の遺訓は、親鸞没後七五〇年の今日に至るまで、誰ひとりとしてそのことに注目し、それについて語ったものはおりません。伝統の教学者たちは、すべて覚如、存覚、蓮如たちが主唱した、非親鸞的な真俗二諦論を語り、いまもなおそれに固執しているところです。しかしながら、その真俗二諦論が全面的に誤謬であったことは、上に見た戦時教学において、よくよく実証されたところです。これから真宗念仏者の実践論について学ぶ場合には、この親鸞によって明示されたところの、信心の「しるし」を生きるという教言について、心して学習していただきたいものであります。

第三章　阿弥陀仏とは誰か

一　阿弥陀仏思想の成立

1　釈尊滅後の仏教

仏教を創唱した釈尊（ゴータマ・ブッダ）が亡くなったのは、紀元前三八三年であったといいます。すなわち、釈尊は、紀元前四六三年に、北インドの現在のネパール国にあったシャカ族、カピラヴァスツ国の王子として誕生しました。そして二十九歳にして、王宮をでて六年間の修行生活をおくり、三十五歳にして仏の「さとり」をひらきました。そのあと四十五年間にわたって、ガンジス河の中流域を中心に伝道し、八十歳にして亡くなったということです。

釈尊が亡くなったのち、その仏弟子たちは、いままでに釈尊が説いたところの多くの教説を正しく後世に伝えるために、それを経典として整理し編集しました。そのことを結《けつ》集《じゅう》といい、そのような結集はその後もおこなわれたといいます。かくして出家者《しゅっけしゃ》としての仏弟子たちは、その多くの教法、経典を伝持し、それについて研鑽していくこととなりました。

また他方、釈尊を慕《した》い、その教団を支えてきた在家者《ざいけしゃ》の信者たちは、釈尊亡きあと、その遺骸《いがい》を火葬し、その遺骨を八部に分配して、それぞれの地方に仏塔《ぶっとう》を建立して奉安し、それを深く崇拝していくこととなりました。そしてそののちには、さらに各地に多くの仏塔が建てられました。

こうして釈尊滅後の仏教は、その出家者なる仏弟子たちによって、多くの経典が編集され、それについての研鑽が進められていきました。そしてやがては、それについての解釈、見解が分かれて、さまざまなグループ、部派が生まれてくることとなり、精緻な教理が形成されていきました。他方、その在家者なる信者たちは、釈尊の遺骨を祀《まつ》った仏塔を大切に伝持しつつ、それを供養し崇拝していきました。

すなわち、釈尊滅後の仏教は、出家者の仏弟子たちによる教法、経典の伝持とその研鑽、在家信者たちによる仏塔の伝持とその供養という、大きな二つの流れをもって、展開し、発展していきました。またこの仏教は、当時の強力な国王や大商人たちの特別の支持もあって、いっそうインドとその周辺の地域に向って、ひろまっていくこととなりました。

そのような、インドにおける仏教の展開の流れのなかで、出家者たちによって伝持されてきた仏教とは、その仏弟子一人ひとりが、道を求め教えを学んで、自分自身が仏の「さとり」をひらいていくことをめざすものであって、そこでは、その教えを他の在家の人々に伝えて、みんながひとしく「さとり」をうるということは考えませんでした。

釈尊滅後およそ三〇〇年ぐらい経《た》った紀元前一世紀のころに、そのような自己中心的な考え方に立つ仏教を、小乗《しょうじょう》仏教と呼んで批判しつつ、釈尊の教法の本意とは、あらゆる人々がひとしく仏の「さとり」をうることをめざすものであって、まことの仏教とは、自分が仏の「さとり」をうるとともに、世のあらゆる人々をして、ひとしく「さとり」をえさしめるという、自他一如《じたいちにょ》の立場に立つ仏教でなければならないという主張が生まれてきました。いわゆる大乗《だいじょう》仏教運動の興起です。

このような新しい大乗仏教が、どのような事情の中で成立してきたものか、現在のところではあまり明確ではありません。今日までの研究によりますと、ひとつには、いままでの小乗仏教といわれた仏教の中の、大衆部《だいしゅうぶ》と名づけられた、比較的に進歩的であった仏教教団の中から生まれてきたものであろうといわれております。そしてまた、それとは別に、釈尊を尊敬し、その釈尊をもっぱら讃歎して、釈尊への帰依を表白していた人たちによって語られた、数多くの釈尊の伝記や、その前生《ぜんしょう》の物語としての本生譚《ほんじょうだん》（ジャータカ）などを母胎としながら発生してきたものであろうという見解も示されております。

またいまひとつ、上に申したところの、釈尊の遺骨を祀った仏塔を奉持し、それを崇拝していた、在家者中心の教団の中から、生まれてきたものであろうという説もあります。ことにこの仏塔を供養し崇拝するものは、当然に主として在家の信者でありますが、やがてその信者たちは各地の仏塔を巡拝するようになりました。そして、その仏塔の周辺に井戸や浴池や宿舎などが用意されることとなり、その巡拝者に対して、その世話をし、その仏塔に彫刻されている釈尊伝などを解説するところの、専属の人々も生まれてきたことと思われます。

そしてそのような仏塔奉持の集団は、各地において成立していったと考えられ、そのような教団の中から、新しい在家者中心の仏教が生成してきたであろうことは、充分に推察できるところです。事実、大乗仏教経典においては、仏塔に対する供養、崇拝が、しばしば勧められているところです。

このように、大乗仏教の起源をめぐっては、いまなお諸説があって明確ではありません。しかしながら、私の管見では、大乗仏教とは、このような仏塔崇拝の教団を母胎とし、それを主たる源流としてこそ、生まれてきたものではなかろうかと思います。

2　阿弥陀仏思想の成立

阿弥陀仏《あみだぶつ》思想もまた、このような新しい大乗仏教の興起の初頭において、萌芽《ほうが》してきたものと思われます。ことにこの阿弥陀仏について説く〈初期無量寿経〉によりますと、そこでは仏塔を建立し、その仏塔を供養し崇拝することは、その浄土に往生するための重要な善根になると語っておりますが、このことからすると、阿弥陀仏思想とは、このような仏塔崇拝の思想と、深く関連していることがうかがわれるところです。

そしてこのような仏塔崇拝の考え方は、いままでの出家者中心の仏教が、釈尊を偉大なる先達者と捉《とら》え、その教えに従って修行を積んでいくことにより、自分たちもまた、釈尊と同じような「さとり」をえようと考えていたのに対して、この仏塔にかかわる在家信者たちには、そのような釈尊と同じ道を進むということはとうてい考えられず、もっぱら、この偉大な釈尊を渇仰《かつごう》し、その釈尊の働きかけに頼って、至福の世界に至りたいと願うほかはありませんでした。すなわち、そこでは釈尊を偉大な救済者として捉え、その働きかけに期待するということでした。

在家の信者たちが、釈尊の遺骨を祀った仏塔を建立し、それを崇拝した理由がここにあるわけで、阿弥陀仏思想とは、このような釈尊崇拝の中から、自然発生的に生まれてきたものであろうと思われます。

ところで、この阿弥陀仏という名称について考えてみましょう。この名称は、その原語からいえば、アミターバ（Amitābha・無量光《むりょうこう》）、アミターユス（Amitāyus・無量寿《むりょうじゅ》）のアミタから生まれたもので、そのアミタとは無量を意味し、アーバとは光明を、アーユスとは寿命を意味します。そしてこのような光明無量、寿命無量という観念は、もともとは釈尊について語られた言葉であって、釈尊がその滅後において、いっそう偉大なる救済者として憧憬され、尊崇されていくところ、その必然として、その釈尊の私たちに対する働きかけは、横のひろがりにおいては無量、無辺であり、またそれは縦のつながりにおいても無量、永遠であると考えられるようになりました。

そしてそのことから、釈尊はいまもなお、私たちに向って、空間的には無辺に、時間的には無限に、すなわち、その光明は横に向って無量に、その寿命は縦に向って無量に働きかけているとして、その釈尊を次第に超人化し、永遠化していきました。そしてやがては、そういう釈尊観の深化、徹底化において、その釈尊という一人の人格を超えて、その釈尊の「さとり」、その「いのち」の無限性、永遠性を思惟することとなり、そこに光明無量、寿命無量なる、新しい仏身《ぶっしん》としての、阿弥陀仏を感得したものと思われます。

そのことは〈無量寿経〉によりますと、阿弥陀仏の前身である法蔵《ほうぞう》菩《ぼ》薩《さつ》とは、もとは国王であって、その国土と王位を棄《す》てて出家したといい、またその法蔵菩薩の師仏としては、燃灯仏《ねんとうぶつ》〈錠光仏《じょうこうぶつ》〉から世自在王仏《せじざいおうぶつ》までの数多くの過去仏が説かれておりますが、釈尊伝によりますと、その燃灯仏とは釈尊の師仏であって、成仏の授記《じゅき》、予言を与えた仏だといわれております。その点、この阿弥陀仏の成道《じょうどう》物語をめぐっては、釈尊の伝記が色濃く反映していることが知られるわけで、阿弥陀仏思想が、釈尊崇拝にもとづいて生成してきたものであることが、きわめて明瞭にうかがわれるところです。

また、その〈初期無量寿経〉によりますと、そこではことに、在家者にして善根を修めることが困難で、日ごろは悪業を犯かすことの多いものの仏道が説かれておりますが、そのことは、この阿弥陀仏思想が、この仏塔を中核とする在家者中心の教団の中から生まれてきたものであろうことを、よくよく物語っているわけでありましょう。

このような阿弥陀仏思想が、いつごろ、どの地方において成立してきたかについては、上において、それは大乗仏教が興起した初頭のころであろうと申しましたが、その点、この阿弥陀仏思想とは、釈尊の滅後およそ四、五〇〇年ののち、紀元一世紀のころに生まれたものであろうと考えられます。そしてそれが生まれた地域については、今日では、その〈無量寿経〉に説かれる極楽浄土の荘厳《しょうごん》をめぐって、浄土が金、銀、瑠璃《るり》、珊瑚《さんご》、琥珀《こはく》、硨磲《しゃこ》、瑪瑙《めのう》などの七宝《しっぽう》をもって飾られているということからすれば、そこには多分に、西方ギリシャのヘレニズム文化、ローマ文化の影響などが考えられ、当時において、東西文化の交流が盛んであった、西北インド地方であろうという説が有力であります。

二　釈尊と阿弥陀仏

1　親鸞における領解

阿弥陀仏思想とは、釈尊の遺骨を祀った仏塔を中核とする、在家信者中心の仏教教団を母胎とし、その釈尊の超人化、永遠化として、その「さとり」、その「いのち」の象徴《しょうちょう》表現として、成立したものであるということができるわけです。その点において、阿弥陀仏とは、釈尊崇拝の延長線上において語られたものであって、阿弥陀仏とは釈尊にほかならず、阿弥陀仏と釈尊とは即一するというべきでありましょう。すなわち、釈尊の永遠化、その「さとり」の象徴表現としてこそ、阿弥陀仏が説かれたということです。

そのことについて、親鸞には独特の領解《りょうげ》が見られます。もとより親鸞は、上に見たような阿弥陀仏思想の成立事情については何も知るところはありませんでしたが、親鸞は、

十方微塵《じっぽうみじん》世界の　念仏の衆生をみそなはし　摂取《せっしゅ》してすてざれば　阿弥陀となづけた

てまつる（『浄土和讃』）

と申しております。この和讃は、『阿弥陀経』の文によって、阿弥陀仏という名前は、釈尊によって名づけられたものであり、その点からすれば、阿弥陀仏とは釈尊によって説かれたものということであって、ここでは阿弥陀仏とは、釈尊から阿弥陀仏への方向において捉えられております。しかしながら親鸞はまた、

久遠実成《くおんじつじょう》　阿弥陀仏　五濁《ごじょく》の凡愚《ぼんぐ》をあわれみて　釈迦牟尼仏《しゃかむにぶつ》としめしてぞ　迦耶城《がやじょう》には応現する（『浄土和讃』）

と明かして、釈尊とは、阿弥陀仏が、この五濁世界の凡愚をあわれんで、ここに応現した仏であると領解しております。すなわち、ここでは、釈尊とは、阿弥陀仏の示現《じげん》、到来にほかならないと、阿弥陀仏から釈尊への方向において理解されております。

そしてまた親鸞には、『二尊大悲本懐《にそんだいひほんがい》』と呼ばれる一幅の軸物が伝えられており、その直筆は大谷派本願寺に所蔵されておりますが、そこには覚運《かくうん》の『念仏宝号』「念仏偈」の文を取意して、

一代の教主釈迦尊、迦耶《がや》にして始めて成るは実の仏に非ず。久遠に実成したまへる弥陀仏なり。永く諸経の所説に異る。

と書かれております。この文の意味は、インドの迦耶において成仏した釈迦仏とはほんと

うの仏ではない、そのまことの仏とは久遠実成の阿弥陀仏である。そのことは、他の経典が説くところとは、永く相違するものであるということです。

ここでは親鸞は、阿弥陀仏と釈尊とを即一して捉えて、インドに出世した釈尊とは、彼《ひ》土《ど》なる阿弥陀仏が、この此土《しど》に向って到来、応現した仏であって、釈尊とは、実は阿弥陀仏にほかならないというわけです。

かくして親鸞においては、釈尊と阿弥陀仏の関係については、釈尊から阿弥陀仏の方向へ、また阿弥陀仏から釈尊の方向へという、二方向における捉え方が見られると同時に、さらにはまた、釈尊即阿弥陀仏、阿弥陀仏即釈尊として、インドに出現した釈尊仏とは、実際は阿弥陀仏であると領解していたことが知られます。

その意味においては、真宗教学の立場からすれば、釈尊と阿弥陀仏の関係は、その浄土教理史的な視点からは、釈尊の超人化、永遠化として、釈尊から阿弥陀仏への方向において、阿弥陀仏思想が成立したと捉えるべきであり、また親鸞の領解にもとづく真宗教義学的な視点からすれば、釈尊とは阿弥陀仏が此土に応現したものにほかならず、さらにいうならば、釈尊とは阿弥陀仏のことである、ということであって、阿弥陀仏と釈尊は即一するものというべきであります。

2　象徴表現

阿弥陀仏の思想とは、釈尊を崇敬する人々の心情の昇華、その結晶として、その釈尊の永遠化、超人化として語られたものであり、それはまた、別の視点からいうならば、釈尊によって体験されたところの仏の「さとり」の内実、その仏法の根本原理についての、人格的な象徴表現であり、それはさらにいえば、その釈尊の「いのち」の象徴表現でもあるといいうると思われます。

そこでその象徴表現とは何かということですが、そのような釈尊の「さとり」とか「いのち」というものは、究極的な出世《しゅつせ》、真理の世界として、この日常的な世俗性を超えたものであって、それは世俗的には、不可称、不可説なるものというほかはありません。そういう出世、超越の世界について、それを世俗に生きる私たちに理解できるように、分かりやすく、日常的、世俗的な思考と概念によって、類比的、比較的に表現したものを象徴というわけです。

たとえば、経典の中で、阿弥陀仏とは、光明が無量であり、寿命が無量であるといい、またその浄土には、美しい蓮華が咲き、快い音楽が響いていると説かれていることは、その釈尊の「さとり」の境地、その究極的な真理について、すでにその「さとり」、その内実、その境地を体験したものが、いまだその境地、真理を体験していない人々に向って、そのことをよりよく理解させようとして、二〇〇〇年の昔の古代インドの歴史的、社会的状況の中で、類比的、比較的に説明したものにほかなりません。

そしてまた、阿弥陀仏の名前については、南無阿弥陀仏なる六字《ろくじ》の名号《みょうごう》として、さらにはまた九字名号、十字名号として説示され、またその姿形については、絵像《えぞう》や木像《もくぞう》として、さまざまに表現されていることも、同じような象徴表現にほかなりません。だから、私たちがこの象徴表現を学ぶについては、その表現にもとづきながらも、その表現を超えて、それが指示しようとしているもの、そのものの本質を、的確に捉えていかなければなりません。

このような宗教における象徴表現をめぐっては、キリスト教神学者のポール・ティリッヒ（Paul Tillich 一八八六〜一九六五）が、見事に説明しておりますので、いまは、それを私なりに理解して紹介したいと思います。彼によりますと、象徴表現というものは、

象徴は、それ自身を超えて何かを指示する。

象徴は、それが指示しているものに関与している。

象徴は、閉ざされた究極的な真実の世界を開示する。

象徴は、人間の心の深層、霊性《れいせい》を開発する。

象徴は、社会の集団の無意識において創造される。
象徴は、社会の状況が変化すれば死滅する。

といいます。すなわち、第一には、象徴とは、それ自身を超え、それを手段として、究極的なもの、その真理、真実を指し示しているといいます。第二には、象徴とは、それが指し示しているものに深くかかわっており、それにおいてこそよく成りたっているといいます。それはたとえば、指が月を指し示す場合、その指は月の光に照らされてこそ、その指が指の役目をはたすようなもので、象徴はそれが指し示しているものにもとづいてこそ、成立しているというわけです。

第三には、象徴とは、それにおいてこそ、はじめてこの世俗を超えたところの、究極的な真理、真実の世界について、私たちに教えてくれるものだといいます。私たちはその象徴において、たとえば、象徴としての阿弥陀仏の仏像を毎日礼拝し、またその名号を日々称念するという、象徴的な行為を通してこそ、はじめて真実の「いのち」にふれ、その阿弥陀仏を体験することができるというわけです。第四には、象徴とは、それを学ぶことを通して、私自身の心の深層を育て、それを開いてくれるといいます。すなわち、信心体験とは、ひとえにこの象徴を媒介としてこそ、よく成立してくるということです。

第五には、象徴というものは、ある特定の集団の中から、無意識に生まれてくるものであるといいます。上において、阿弥陀仏思想というものは、仏塔を中心とする在家信者中心の教団の中から、自然的に発生し、形成されてきたと申したところです。そして第六には、だからこそ、その象徴というものは、その時代と社会の状況が変化すれば形骸化し、消滅していくものであるといいます。

　これがポール・ティリッヒの象徴理解ですが、ここで、象徴というものは時代と社会の状況が変化すれば消滅していくという指摘は、注目すべきであります。今日の日本仏教において、数多くの仏像や仏画が、礼拝の対象とならずに、各地の博物館に展示されて見せもの化し、またその仏名や経文が、お守《まも》り札《ふだ》となり、または呪文化《じゅもんか》されているのは、まさしくその仏像や仏名、経文が形骸化していることを意味するものでありましょう。

　その点、象徴というものは、歴史的、社会的な状況の変化に順応しつつ、つねに再解釈し、再形成していくという不断の営みをもってこそ、はじめてよく後世に向って伝承されていくものです。

　今日の日本仏教において、そのような象徴の再解釈、再形成がどれほど進められていることでしょうか。まことに疑問です。ことに今日の本願寺教団の真宗教学は、いまもってかつての古い伝統教学の解釈をかたくなに墨守しつづけて、新しい解釈を試みるものをすべて異端としてしりぞけます。これでは、その象徴表現は早晩に形骸化して消滅していき、浄土真宗は呪術化《じゅじゅつか》するか、民俗宗教化するほかはないでしょう。
もしも親鸞のまことの真宗教義、真宗信心を、現代社会のただ中において新しく蘇生《そせい》させ、または他の民族、文化の中にまで伝達、浸透させようとするならば、よほど大胆に再解釈し、再形成していくほかはありませんが、今日の本願寺教団の実情はいかがでありましょうか。

3　指月の指の教え

インドの論書の『大智度論《だいちどろん》』には、仏教における経典の言葉は、すべて月を指さす指にほかならないと教えております。すなわち、

人、指をもって月をおしう。もって我《われ》を示教す。指を看視《かんし》して月を視《み》ざるがごとし。人、語りていわん。我、指をもって月をおしう。汝をして之を知らしむ。汝、何んぞ指を看《み》て月を視ざるやと、これまたかくのごとし。語《ご》は義《ぎ》の指となす。語は義にあらざるなり。これをもってのゆえに語に依《よ》るべからず。

と明かすところです。ここでいう月とは、義としての仏教の本質のことで、真宗教義に重ねていえば、阿弥陀仏の本願のことであります。そしてその月を指さす指とは、言葉としての経典、教法、さらにはまた仏像、仏画、そして名号のことです。

私たちは、日々世俗の愛欲に埋没して生活しているところから、夜空に輝く美しい月を眺めることができません。そこで先師《せんし》の教語《きょうご》、指導によってこそ、はじめてその月を仰ぐことができるというのです。このことは上に見た象徴論にそっくり重なるところであって、仏教でもまた同じように象徴論を語っているわけです。親鸞もこの『大智度論』の文章に注目して、その「化身土文類」に引用しています。

かくして、この教語が教えるところは、多くの人は、その指、教法の言葉に固執して、その指、言葉、すなわち、その仏像、その名号を観念的に理解し、または実体的に解釈して、それで仏法が分かったと思っているものがいる。それで信心をえたと錯覚しているものがいる。しかしながら、教法、仏像、名号とは、その月、真理を指さす指でしかないのであって、その指を見て月を見たと思い誤ってはならない。

私たちは、その指に学びながらも、その指のはるか彼方に輝くところの、月にまで眼を向けなければならないというのです。この指から月までの距離、その仏像、名号から信心体験までの距離を埋めるものが、私たち一人ひとりの仏道の実践であり、その仏法の主体化、体験化の営みにほかなりません。

なおまた、親鸞が八十六歳にして語ったという「自然法爾《じねんほうに》」をめぐる法語の中で、

弥陀仏は自然のやうをしらせせんれうなり。

と明かしていることも、同じ意趣を教示するものです。ここでは阿弥陀仏とは、天地自然、宇宙世界を貫徹するところの、自然《じねん》の道理にほかならず、その様相を、私たちに知らせるためのもの、その手段、方法である、というわけで、阿弥陀仏もまた、指月の指であり、象徴表現にほかならないというのです。

しかしながら、本願寺派の伝統教学では、たんなる象徴言語であり、指月の指でしかない阿弥陀仏の名号を、まったく実体化して、その名号とは、衆生の往生のための願《がん》と行《ぎょう》とを具足した名体不二《みょうたいふに》なる名号であって、その名号の中に、阿弥陀仏のいっさいの功徳、作用がこもっているといい、その名号を領受することが信心であり、そこに救《すく》いが成立すると語っております。ここでは、月を指すところの指をそのまま月と錯覚しているわけで、その名号が象徴言語であること、それが指月の指でしかないことが、まったく理解できていないわけで、まことにお粗末な誤解というほかはありません。

このような誤解は、すでに上において見たように、西山浄土宗における仏体即行論、名体不二論に見られるもので、それが覚如、蓮如によって真宗教学に導入されたところの、まったく非仏教的、非親鸞的な教義解釈です。その点、今日の西本願寺の真宗教学はその象徴論からすれば、根本的に誤謬《ごびゅう》を犯していることは明白です。

なお大谷派の伝統教学は、近世の教学において、主として存覚の教学を継承しましたので、そこでは称名行を重視することが主流となり、覚如や蓮如の名号中心の教学に傾斜することが、いささか希薄なまま今日に至っています。

三　阿弥陀仏はどこにいるのか

1　真実と虚妄

阿弥陀仏とは、上に申したように、仏の「さとり」を象徴表現したものですが、その仏の「さとり」については、インドの無着《むじゃく》（三〇〇～四〇〇ごろ）の『摂大乗論《しょうだいじょうろん》』と、その弟の天親《てんじん》の『摂大乗論釈』（真諦訳）によりますと、

論にいわく、諸の菩薩は惑を滅せば、すなわちこれ無住処涅槃《むじゅうしょねはん》なり。

釈にいわく、菩薩は生死と涅槃の異なるを見ず。般若《はんにゃ》によるがゆえに生死に住せず。慈悲によるがゆえに涅槃に住せず。もし生死を分別すればすなわち生死に住し、もし涅槃を分別すればすなわち涅槃に住す。菩薩は無分別智《むぶんべっち》をえて、分別するところなきゆえに住するところなし。

などと明かします。ここでは仏の「さとり」とは「無住処涅槃」だというわけです。そし

てそれについての天親の解釈によりますと、涅槃、「さとり」というものは、この世界の「まよい」をはるかに超えたものですが、それはまた智慧にして慈悲であるところ、その「まよい」と「さとり」、虚妄《こもう》と真実の差別を見ることがないというのです。

すなわち「さとり」というものは、智慧によるがゆえに「まよい」、虚妄に住することがなく、また慈悲によるがゆえに「さとり」、真実に住することがなくて、まさしく「さとり」、涅槃というものは、住する処のないもの、無住処なるものであるというのです。すなわち、「さとり」、真実というものは、「まよい」、虚妄を遠く離れているものでありながら、またその「さとり」、真実の本質、その必然として、それはつねに「まよい」、虚妄のただ中にこそ存在するものだというのです。

かくして、「さとり」、涅槃とは、「まよい」の中にも存在せず、したがってまた、「さとり」の中にも存在しないで、無住処であるというのです。その点、この無着がいったところの「無住処涅槃」とは、「さとり」の世界をものの見事に表わした言葉であります。

仏教では、そのような「さとり」を身にえたものを、「如去《によこ》」といい「如来《にょらい》」といいます。この如去、如来とは、言語で申しますとタターガタ（tathāgata）といいます。この言葉は、タター（tathā）という語と、ガタ（gata）、もしくはアーガタ（āgata）という語の、二つの言葉に分解して捉えることができます。

そこでそのタターとは、そのように、如実《にょじつ》にということで、ここでは真理、真実を意味して、上に申したところでいえば、仏の「さとり」、涅槃のことです。そしてガタとは、行ける、去れるということで、ここでタターガタ（タター＋ガタ）とは、真実、涅槃に向って行った、去ったということで、それは「如去」と訳されます。かくして釈尊とは、「まよい」の世界に生まれて、「さとり」をひらいた方であるから、まさしく如去された方だといいえます。

しかしまた、このタターガタという言葉を、タターとアーガタと分解しますと、アーガタのアーという語は、後にくる語根の意味を逆にする働きをもちますので、それは去れるの反対の、来たれるという意味を表わします。したがって、タターガタ（タター＋アーガタ）とは、真実、涅槃が、この虚妄、不実の世界に向って来たということで、それは「如来」と訳されます。かくして釈尊とは、もともと「さとり」の世界の方であって、それがこの「まよい」の世界に向って到来した、如来された方であるということになります。

そしてそのことは、阿弥陀仏が、阿弥陀如来と呼ばれることにも重なるわけであり、阿弥陀仏とは、もと国王であった法蔵菩薩が、如去して阿弥陀仏に成ったわけですが、それは本来的には、この煩悩に閉ざされて生きる私たちのために、真実、涅槃から如来したものにほかならないわけです。だからこそ、阿弥陀仏を阿弥陀如来とも申すわけです。

もともと真実、「まこと」というものは、虚妄、「いつわり」ばかりのこの人間世界からは、かぎりなく遠く離れたもので、この世界には存在いたしません。しかしながら、また真実、「まこと」というものは、私は真実だから、虚妄のあなたたちとは関係ありません、というようようでは、それはほんとうの真実、「まこと」ではないでしょう。真実というものは、真実でないもの、その「うそ」の中で、苦しみ悩んでいるものがいつも気にかかり、その「うそ」、その悩みを、真実に変えていこうという働きをもってこそ、はじめて真実、「まこと」といわれるものでしょう。

かくして、私たちにとっては、真実というものは、いつも遠い彼方のものでありますが、またその真実とは、いつもこの不実なる私のところに近づいて、私とともに存在しているものでもあります。

『無量寿経』によれば、阿弥陀仏とは、「ここを去ること十万億刹《せつ》」のはるか彼岸《ひがん》にましますと説いています。また『阿弥陀経』にも、「これより西方、十万億の仏土を過ぎた」彼方にましますといいます。しかしながら、同じ浄土の経典である『観無量寿経』では、「阿弥陀仏はここを去ること遠からず」といって、阿弥陀仏は私の隣にましますと説いております。阿弥陀仏とは、遠くして近く、近くして遠きものというほかはありません。真実、如来というものは、もともとそういうものなのです。

2 阿弥陀仏は「いま」「ここ」に

親鸞は、阿弥陀仏について、

この如来、微塵《みじん》世界にみちみちたまへり、すなわち一切群生海《ぐんじょうかい》の心《しん》なり。(『唯信鈔文意』)

この如来は智慧のかたちなり。十方微塵刹土《せつど》にみちみちたまへるなりとしるべしとなり。(『尊号真像銘文』)

この如来、十方微塵世界にみちみちたまへるがゆへに、無辺光仏《むへんこうぶつ》とまふす。(『一念多念文意』)

と明かして、阿弥陀仏とは、つねにこの微塵世界、あらゆる世界に到来して、いかなる場所にも「みちみち」ているといい、それはまた私たち人間の「心」にまで届いているといいます。親鸞はこの「心」の字に、ことに「しん」と仮名を付しておりますが、そのことは、この心とは、仏教教義の上では阿頼耶識《あらやしき》をさして、人間における人格主体を意味し、阿弥陀仏とは、私たち一人ひとりの人格、その「いのち」の中にまで、到り届いていることを教示しているものとうかがわれます。

もともと私の生命というものは、地獄から這《は》いあがってきた生命でしかなく、それがいま不思議な仏縁によってここに存在しているわけですが、その私の地獄の生命の中に、阿弥陀仏が到来し、私はまたその如来の生命を宿してここにいるということです。この私の生命の中には、地獄の生命と如来の生命とが、まったく矛盾対立しながら同居、共生しているわけです。

ともあれ、阿弥陀仏は、このようにして「いま」「ここ」に、私の生命の中に、まさしく到来しているわけであり、問題は、そういう私の生命の実態、その生命の事実について、どれだけ深く「めざめ」ていくかということです。

『無量寿経』に説かれている阿弥陀仏の第十八願文によりますと、阿弥陀仏は「もし生まれずば正覚を取らじ」といって、もしもあなたが浄土に往生しなければ、私は決して仏の「さとり」をひらきません、と誓っているといいます。すなわち、私の往生が成立しないかぎり、阿弥陀仏は仏には成らないというわけで、私の往生と仏の成仏は同時に成立するというわけです。

ことに親鸞によれば、私がまことの信心をうるならば、それに即して、今生ただいまにおいて、即得往生《そくとくおうじょう》をうることとなるといいますから、このことはさらにいうならば、私がここにしてまことの信心を開発するところ、それに即して阿弥陀仏は成仏するということであって、阿弥陀仏とは、私の信心において、「いま」「ここ」にこそ、成仏し現成《げんじょう》するということであります。

ただし『無量寿経』によりますと、阿弥陀仏は「すでに成仏して、現に西方にましま す」と説かれ、『阿弥陀経』によれば、「阿弥陀仏は成仏したまいてより、いまにおいて十《じっ》劫《こう》なり」と語っております。阿弥陀仏はすでに十劫という大昔に成仏しているというわけです。とすれば、この問題については、どのように理解したらよいでしょうか。

それについては、西本願寺教団の伝統教学では、古くから仏の成仏と私の往生を、まったく二元的に分離して捉えます。すなわち、阿弥陀仏が十劫の昔に成仏したのは、私が往生するための道理、その論理ができあがったからであり、私が往生するという事実は、それとは別に、私たち一人ひとりの責任であるといって、そのことを、阿弥陀仏における成仏の論理と、私における往生の事実とに、二分して説明いたします。

そのことは、古くから薬品とその服用という関係にたとえて説明してきました。すなわち、阿弥陀仏が成仏したのは、これを飲めば必ず治るという薬（名号）が完成したから、自分の責任はすでに終ったということで成仏したのであり、その薬を飲むか、飲まないか（信心）は、私たち一人ひとりの責任であるというのです。

私の往生と仏の成仏とを、まったく客体的、二元的に区分する観念的な解釈です。それはこの世俗に重ねていうと、風邪《かぜ》にかかって急に高熱をだしたわが子に対して、母親があわてて病院から薬をもらってきて飲まそうとしたら、子どもがいやがって飲まないといったとき、母親は、その薬を子どもの眼前において、私はこうして薬をもらってきたのだから、母親としての責任はもうはたした。このあと、その薬を飲むか飲まないかは、あなたの責任ですよというようなものでしょう。

　しかしながら、そんな母親がどこにいるでしょうか。まことの母親なれば、叱ってでも、だましてでも、いかなる方法、手段をもってしても、必ずその薬を飲ませることでしょう。そしてその病気が完全に治癒《ちゆ》したときに、はじめて母親はその責任をはたしたと思うのではありませんか。

　同じように大慈大悲の阿弥陀仏なれば、このように二元的に考えて、衆生の往生の以前に、自分の責任はすでに完結した、というはずはありえないことでしょう。このような私の往生と仏の成仏を、論理と事実に分別して理解する発想が、まったくの誤謬であることは明白であります。

　ところで、西本願寺教団の伝統教学においては、いまひとつ、阿弥陀仏の発願《ほつがん》と修行《しゅぎょう》、そしてその成仏とは、衆生一人ひとりについてなされるもので、一人の衆生が往生するたびに一体の阿弥陀仏が成仏するわけで、阿弥陀仏とは、衆生の数だけ無数に存在するという考え方があります。これを数々成《さくさくじょう》仏説《ぶつせつ》といいます。しかしながら、これもまた阿弥陀仏を、二元的、外在的に捉えて、その往生正覚一体の経説を観念論的に説明するだけで、まったく主体欠落の解釈でしかありません。

3　私の往生と仏の成仏

それでは、この問題をめぐってはいかに領解すべきでありましょうか。親鸞は、阿弥陀仏の成仏について、『浄土和讃』に、

弥陀成仏のこのかたは　いまに十劫とときたれど　塵点久《じんてんく》遠劫《おんごう》よりも　ひさしき仏とみえたまふ

と明かしております。経典には、阿弥陀仏とは十劫の昔に成仏したと説いてあるけれども、よくよく考えてみると、塵点久遠劫、すなわち、この世界を三度にわたって千倍（十億倍）したところの三千大千世界を、こなごなに砕いて塵とし、東方に向って、千の世界を過ぎてその一塵をおろし、それをくり返して、ついにその塵がなくなったとき、それらのすべての世界を合わせてさらに砕いて塵とし、その一塵を一劫として計算した長さの時間のことで、阿弥陀仏とは、そういう塵点久遠劫よりも、さらに昔に成仏した仏である。すなわち、無始なる過去に成仏したところの、本来成仏の仏、もともとから仏であるというわけです。

親鸞は、阿弥陀仏とは、本来成仏の無始以来の仏であると理解したわけですが、またその第十八願文によるかぎり、衆生が往生してこそ成仏するということですが、その衆生が無量無辺であるかぎり、また阿弥陀仏とは、永遠に成仏できないということでもあります。すなわち、阿弥陀仏とは、本来成仏の仏でありながら、それ自身の誓願としては、永遠に未完結、不成仏の仏でもあるといわざるをえないわけです。

かくして、私がこのような阿弥陀仏に出遇《であ》い、それを体験するについては、私の心をいっそう育てていき、まったく主体的に捉えていくほかはありません。阿弥陀仏とは、私の存在のほかに、どこかに前もって存在していて、私がそれを二元的、客体的に捉え、それについてさまざまに思案し、思議して、その思惟のはてに、ついに阿弥陀仏の存在を承認するというようなものではありません。阿弥陀仏を二元的、対象的に思惟していくかぎり、まことの阿弥陀仏には、決して出遇うことはできません。

そうではなくて、確かな先師、先達に導かれて、阿弥陀仏をめぐる教法を学習し、またその日々において、仏壇を中心とする、礼拝、称名、憶念《おくねん》の三業をかけた生活習慣行をはじめ、そのことを相続し、それを深化していくという営みの中で、やがてひらかれてくる信心体験においてこそ、まさしく阿弥陀仏に出遇うことができるのです。

どこかに存在する阿弥陀仏を探し求めて、それに出遇うのではありません。そうではなくて、日々の礼拝、称名、憶念の三業を相続していくことのなかで、いま現に私の「いのち」の中に到来している阿弥陀仏に「めざめ」るのです。かくしてその「めざめ」体験、信心の開発に即してこそ、はじめて私自身にとっての阿弥陀仏が現成し、それに出遇うことができるのです。

親鸞は、いつも、

弥陀五劫思惟《ごこうしゆい》の願をよくよく案ずれば、ひとへに親鸞一人《いちにん》がためなりけり。（『歎異抄』）

と語っていたといいます。阿弥陀仏の発願修行とは、ひとえにこの私一人のためのものであるという、深い実感、体感を表白したものです。私たちが阿弥陀仏について思惟するについても、また同じように、無始以来の業報《ごうほう》を背負いながらも、多くの仏縁に育てられて、不思議にも「いま」「ここ」に、阿弥陀仏の本願、大悲の働きの真正面に向い合って立っているという確かな実感をもってこそ、はじめて阿弥陀仏に値遇《ちぐう》し、それを体験することの契機が生まれてくるのです。

阿弥陀仏が前もってどこかに存在するから、それを信じるのではありません。まず念仏を申すのです。そして、その私の念仏生活の相続において新しく開かれてくる信心においてこそ、阿弥陀仏ははじめて私にとって確かとなり、現在してくるわけです。曇鸞が「心《しん》外無仏《げむぶつ》」と明かすものは、まさしくそういう事態について語ったものでありましょう。ともあれ、阿弥陀仏が前もって存在するから、それを信じるのではありません。私の日々の念仏相続において、私の信心の中にこそ、阿弥陀仏は確かに現在してくるのです。

妙好人の浅原才市《さいち》（一八五〇〜一九三二）の歌に、

如来さんはどこにおる。如来さんはここにおる。才市が心にみちみて、南無阿弥陀仏を申しておるよ。

というものがありますが、まことに見事な法味の表白であります。

四　阿弥陀仏の本願

1　〈無量寿経〉の教説

阿弥陀仏とは、本願、誓願《せいがん》をもっていると説かれますが、その本願とは、原語ではプールヴァ　プラニダーナといいます。そのプールヴァとは、過去、宿世《しゅくせ》を意味し、プラニダーナとは、あらかじめの目標を定めて、それを成就しようと願い求めることで、志願《しがん》、誓願などと訳されます。

プールヴァ　プラニダーナとは、宿世なる誓願、宿願ということですが、上に見たように、阿弥陀仏というものが、釈尊の「さとり」の内実、その「いのち」の象徴表現であるとするならば、その宿世の誓願の宿世とは、その真理、真実なる「さとり」「いのち」の基本的な性格としての、無始以来、始めのない始めからを意味します。

真理、真実というものには始めはありません。真理、真実とは本来的に真理、真実なのです。そしてその誓願とは、その真理、真実それ自身の、この虚妄なる現実世界に対する必然的な到来、その働きかけを意味するわけで、それは阿弥陀仏として象徴されたところの、永遠なる真理、真実の、私たちに対する不断の働きかけを、本願、誓願、宿願と表象したものにほかなりません。

その誓願については、ことに〈無量寿経〉に詳しく説かれるところでありますが、その〈無量寿経〉においては、阿弥陀仏の本願について二十四願を説くものが二種類（『大阿弥陀経』『平等覚経』）、三十六願を説くものが一種類（『荘厳経』）、四十八願を説くものが三種類（『無量寿経』『如来会』『サンスクリット本』）あって、そこには思想的な変遷の跡が見られるところですが、そのもっとも原形と思われる『大阿弥陀経《だいあみだきょう》』によりますと、いささか未整理なところもありますが、その願文の内容について概説しますと、人土成就の願、仏身荘厳の願、衆生《しゅじょう》摂取の願、救済勝益《しょうやく》の願の四種類に分類することができます。

はじめの人土成就の願とは、私たち人間のあるべき理想像（人）と、私たちの住む世界、国土のあるべき理想像（土）について願ったもので、すべての人間が、その煩悩を少しずつ消滅させていき、人間的に成熟していくことと、そしてまた、その世界、国土が、何らの差別もなく、また相互に憎悪することなく、平等一味なる平和な世界となるようにという願いです。次の仏身荘厳の願とは、阿弥陀仏自身がいかなる仏身となるかを願ったもので、そこでは光明無量と寿命無量なる仏身を成就し、また言葉、名号として、世の人々に向って近づき、働きかけることを願っております。

そして衆生摂取の願については、在家者にして、日々善根を修めることが少なく、悪を犯すことの多い社会の下層に生きる庶民と、同じく在家者にして、経済的に余裕があって、世の人々のために布施したり、仏塔に参詣したり、寺院を建築したり、出家者に対して供養するなどの、もろもろの善根を積むことのできる人々と、出家して菩薩道を修める人々の三種の道が明かされております。最後の救済勝益の願とは、その仏道を成じるならば、今生と来世において、種々なる救済、利益を身にうることができるということを願ったものです。

このような原形の二十四願文が後世に展開して、今日私たちが学んでいるところの、『無量寿経』や『如来会《にょらいえ》』の四十八願文が明かされることとなったわけですが、この『大阿弥陀経』の二十四願文には、その阿弥陀仏の本願の原形がよくうかがわれますので、いま、あえてそれを紹介したわけです。

2 人土成就の願

そこで上に明かしました阿弥陀仏の本願における、人土成就の願、仏身荘厳の願、衆生摂取の願、救済勝益の願について、そのことを『無量寿経』の四十八願文に重ねて解説いたしましょう。

まず、その人土成就の願については、その第一願文から第十一願文までがそれで、その第一願文は無三悪趣《むさんあくしゆ》の願といって、私たちが自分の心の底に宿している三悪趣、貪欲《とんよく》（むさぼり）、瞋恚《しんに》（いかり）、愚痴《ぐち》（おろかさ）の三毒の煩悩を取りのぞきたいと願ったものです。そして第二願文は不更悪趣《ふきようあくしゆ》の願といい、そのような煩悩が消滅したら、再びもとに返らないようにと願ったもので、この両願は、私たち人間個人のあるべき理想像をかかげたものです。

第三願文は悉皆金色《しつかいこんじき》の願といって、この世界、社会に住むものは、すべて等しく金色に輝くようにと願ったものです。そして第四願文は無有好醜《むうこうしゆ》の願といい、そこに住むものの人格、価値が、貴賤、上下の格差がないようにと願ったもので、この両願は、この私たちの現実世界、社会のあるべき理想像をかかげたものです。すなわち、この第一願から第四願までは、この現実の私たち人間個人と、私たちの地球世界全体のあるべき理想像について願ったものにほかなりません。

そして次の第五願文から第十願文までは、その具体相としての六神通《ろくじんずう》なる超能力の保持について願い、第十一願文は第一願から第十願までを総結して、今生現身における不退転《ふたいてん》、正定聚の「さとり」と、来世死後における成仏の「さとり」を願ったものであります。

3　仏身荘厳の願

次の仏身荘厳の願とは、第十二願文から第十七願文までで、その第十二願文は光明無量の願といい、第十三願文は寿命無量の願といって、阿弥陀仏は、その仏身をめぐって、空間的には光明が無量であるように、時間的には寿命が無量であるようにと、その仏身の荘厳成就を願っているわけです。阿弥陀仏が、アミターバ（光明無量）、アミターユス（寿命無量）と呼ばれるゆえんです。

そして第十四願文から第十六願文までの三願は、浄土の菩薩たちがその身にうる利益について願い、次の第十七願文においては、阿弥陀仏がこの世界に到来し、人々と縁を結ぶについては、十方世界の諸仏をしてその功徳を教説させ、さらにはまた、自らの名前、名号を告げつつ呼びかけるということを通してこそ、よく成立するということを願っているわけです。すなわち、その原形の〈無量寿経〉である『大阿弥陀経』によりますと、その第四願文に、

某《それがし》、作仏《さぶつ》せん時、我が名字《みょうじ》をして、みな八方上下の無央数《むおうしゅ》の仏国に聞こえしめん。みな諸仏をして、各々に比丘僧の大衆の中において、我が功徳、国土の善を説かしめん。諸天、人民、蜎飛《けんぴ》、蠕動《ねんどう》の類《たぐい》、我が名字を聞きて慈心《じしん》せざるはなけん、歓喜踊躍《かんぎゆやく》せんもの、みな我が国に来生《らいしょう》せしめん。この願を得て乃ち作仏せん。この願を得ざれば終に作仏せず。

と明かすところです。ここでは阿弥陀仏は、諸仏をして、その名号を十方世界に向って聞えるようにしたい、そしてその私の名号を聞いて、慈心にして歓喜するもの、まことの信心を開発するものは、すべて私の浄土に生まれさせたい、もしそのことが成就しなかったら、私は成仏しない、という誓願です。この願は、同じ〈初期無量寿経〉にして二十四願を説く『平等覚経』の第十七願文に、ほとんど同じ内容をもって説かれておりますが、親鸞は、この『大阿弥陀経』の第四願文と『平等覚経』の第十七願文に深く注目しており、その両文を「行文類」に引用しております。

私が阿弥陀仏に出遇い、それを体験するためには、阿弥陀仏は、私に向って、自らの仏

名、名号を告げつつ到来しているから、その名号を聞いて信心歓喜するほかはない、その信心歓喜においてこそ、私たちはよく阿弥陀仏に出遇うことができるというわけです。いまの『無量寿経』の第十七願文は、このような『大阿弥陀経』と『平等覚経』の教説の展開として明かされたものであります。

4　衆生摂取の願

次の衆生摂取の願とは、第十八願文、第十九願文、第二十願文の三願において誓っております。この三種の願文は、いずれも、私たち衆生を摂取して浄土に往生せしめて仏の「さとり」をひらかせるについての方法、その仏道をめぐって誓願したものです。

その内容については、すでに上に見た〈無量寿経〉のもっとも原形である『大阿弥陀経』には、在家者にして日々善根を修めることが少なく悪を犯すことの多い社会の下層に生きる庶民と、同じく在家者でありながら経済的な余裕をもっていて、世の人々のために布施したり、仏塔に参詣したり、寺院を建立したり、出家者に対して布施し供養するなどの、さまざまな善根を積むことのできる人々と、出家して菩薩道を修める人々の、三種の道が明かされていると申しました。

いまの『無量寿経』の衆生摂取について誓ったところの、第十八願文、第十九願文、第二十願文の三願は、そのような『大阿弥陀経』の三願の思想的な展開として説かれたもので、その善根を修めることが少なく、悪を犯すことの多い下層の民衆の道として願われたものが、『無量寿経』の第十八願文です。

そのことは、この第十八願文には、「ただ五逆と正法を誹謗《ひほう》せんは除く」とあって、父を殺し、母を殺し、仏弟子を殺し、釈尊を傷つけ、教団を破壊するという五種の大罪を犯かす者と、仏法を否定する者は除くと説かれていて、それ以外のいかなる罪悪を犯す者も、すべて摂取し、救うとありますので、この願文が、ことに多くの悪業を犯す可能性をもったもののための仏道であることが、よくうかがわれるところです。そしてまた、このような不善作悪者の仏道については、その『大阿弥陀経』においても、また『無量寿経』においても、ともに聞名《もんみよう》、すなわち、阿弥陀仏の名号を聞くことによって成立する道であると語っており、その点においても、両者は深く共通していることが知られます。

次の第十九願文は、その仏道において、まず菩提心を起こすことが要求されていますので、この道が高級な仏道であることが考えられること、およびこの仏道を行ずるならば、その臨終において、阿弥陀仏と諸菩薩の来迎をうけることが説かれていますが、ことに『大阿弥陀経』の第七願文の出家者の仏道においても、臨終来迎の利益を語っていることからすると、この第十九願文は、『大阿弥陀経』の第七願文、出家者の仏道の延長、その展開として説かれるものであろうことが推定されます。

最後の第二十願文は、聞名の道を説いているのみで、この仏道が誰を対象に明かしたものかは不明ですが、上に見たように、第十八願文が、不善作悪者の仏道を明かした『大阿弥陀経』の第五願文の展開として説かれたものであり、第十九願文が、出家者の仏道を明かした『大阿弥陀経』の第七願文の展開として説かれたものであるとすれば、当然にこの第二十願文は、一般の在家者の仏道について明かしたところの、『大阿弥陀経』の第六願文の展開として説かれたものであろうことが、充分に推定されるところであります。

その点、あえていいますならば、この『無量寿経』および『如来会』の第十八願文、第十九願文、第二十願文は、基本的には、善根を修めることが少なく悪を犯すことの多い、不善作悪者なる社会の底辺に生きる一般民衆のための仏道、高級な行業を修めることが要求される出家者のための仏道、そしてまた、供養、布施、作寺などのさまざまな善根を修めうる一般の在家者のための道という三種の仏道を明かしたものである、ということができるわけであります。

かくして、親鸞によって明確化された真宗の仏道としての第十八願文の仏道とは、ひとえにそういう不善作悪者なる、社会の下層に属する民衆の仏道でありました。しかもまた、その仏道とは、もっぱらなる聞名の道であったことは、充分に注目されるべきことでありましょう。

5　救済勝益の願

また、次の救済勝益の願とは、第二十一願文から最後の第四十八願文までをいいますが、ここでは、阿弥陀仏の仏道を進んで阿弥陀仏に救済されるならば、今生と来世の二世にわたって種々なる勝れた利益が恵まれてくるということを誓願したものであります。ことにこの〈後期無量寿経〉においては、〈初期無量寿経〉では阿弥陀仏の本願が二十四願であるのに比べますと、倍数の四十八願に増加しているわけですが、このことは基本的には、この最後の救済勝益の願が増加していることによるものです。何ゆえにこのようになったのでしょうか。

私の管見によりますと、この阿弥陀仏思想が、やがてインドおよびその周辺の各地に流伝していく中で、それぞれの地域、それぞれの文化圏において受容され、信奉されていくところ、その必然として、それらの民衆がもっているさまざまな願望、そしてまたさまざまな伝統の文化、習俗、宗教などと重層し、ないしはそれらを摂取していくことになったものと思われます。

この阿弥陀仏思想の展開において、さまざまな民衆の願望を受容し、吸収しながら、それらはいずれも、阿弥陀仏信奉の中での救済の利益となると、語られていったものであろうと思われます。かくして〈後期無量寿経〉においては、ことにこの阿弥陀仏の救済勝益にかかわる願が、ことに増幅していったものであると考えられます。

なおこの『無量寿経』『如来会』の第二十二願文には、還相廻向《げんそうえこう》の利益が誓われているところですが、この利他行《りたぎょう》の実践をめぐっては、〈初期無量寿経〉の『大阿弥陀経』の願文にも見られるところであって、阿弥陀仏思想が、大乗仏教として、自他一如《じたいちにょ》の立場に立っていることは、充分に留意されるべきことでありましょう。

五　浄土往生の思想

1　生天思想の摂取

もともと仏道というものは、釈尊がそうであったように、この現実世界において、一人ひとりが発願し修行することにより、この現実世界、この現身において、「さとり」をひらいて、ここにして成仏する道でありました。しかしながら、釈尊の滅後、仏教教理の展開のなかで、その「さとり」の内実はいよいよ高く捉えられ、そしてまたその反面、人間における成仏の可能性はいっそう低く見られるようになり、この現実世界において仏道を修習し、それを成就することは、まことに困難な道であることが思い知られてくるようになってきました。そこで、その仏道を修めるについては、何度も生まれかわることにより、よく仏道を修習しつづけてこそ、はじめて「さとり」をうることができる、というように考えるようになってきました。

そしてそのような発想のなかで、当時のインドの民俗信仰として、世間一般にひろく流布しておりました生天《しょうてん》思想、すなわち、この世において善根を積めば、死後に天上界に転生することができるという思想を、この仏道の中に摂取して、人間と天上界とを何度も往復しながら、続けて仏道を修習していこうと考えるようになりました。

その思想は部派仏教の時代において説かれたところの、四沙門果《ししゃもんか》の教説によく見られるもので、ここでは、善根を修めながら人間界と天上界を何度も往来しつつ、次第に煩悩を断じて、ついには阿羅漢《あらかん》の「さとり」をひらくということでありました。この仏道は基本的には出家者の仏道として説かれたものでしたが、のちには在家者の仏道としても説かれるようになったようで、阿弥陀仏思想における浄土往生の教理も、そのもとは、このような生天思想にあったと考えられます。

2　他方仏土の思想

ところが、この部派仏教の時代には、過去、現在、未来なる三世《さんぜ》諸仏《しょぶつ》の思想も生まれ、さらに大乗仏教に至ると、新しく生まれた菩薩思想の展開において、現在に無数の世界が存在し、そこには、それぞれ無数の仏とその仏土が存在すると説かれるようになってきました。

たとえば、阿弥陀仏とその西方極楽世界、阿閦仏《あしゅくぶつ》と東方妙喜世界《みょうきせかい》、薬師仏《やくしぶつ》と東方浄瑠璃《じょうるり》世界《せかい》などがそれであります。そしてこれらの仏土、世界とは、生死《しょうじ》、輪廻《りんね》の「まよい」の境界を超えたところの、「さとり」の世界であると捉えられましたので、すでに釈尊が亡くなって仏が存在しないこの現実世界よりも、現に仏がましますこれらの他方仏土《たほうぶつど》に生まれて、そこにして見仏し、聞法しつつ、仏道を修習することが、その仏道を成就するためには、より勝れて好都合であると考えるようになりました。

そしてまた、いままでの生天思想に比べると、なお「まよい」の世界でしかない天上界に生まれるよりも、この仏土に生まれることが、仏道を修めるについてはより勝れていることでもありました。このような他方仏土思想の発生にともなって、仏土往生の思想が成立してくることとなったわけです。阿弥陀仏の浄土往生の思想とは、このように、もともとは生天思想を基盤としながらも、やがてそこに生成してきた、他方仏土の思想が重なることによって、形成されてきたものと思われます。

その意味において、浄土教において説かれる浄土往生の思想とは、どこまでも仏の「さとり」をうるための方便、手段として説かれたものであるということを、充分に認識すべきでありましょう。後世の浄土教の教理展開の流れにおいては、もっぱらその浄土往生そのものが目的化されてきましたが、そのことについては充分に注意されるべきであります。その点、親鸞が、その浄土往生をめぐる領解において、真宗の仏道においては、浄土往生とは、即得往生として、今生、現身における信心の利益であると主張したことは、このような仏道の本義に、もっともよくかなったものであることを、よくよく確認すべきでありましょう。

3 阿弥陀仏浄土の原形

また、この阿弥陀仏の浄土、極楽世界とは、〈無量寿経〉によるならば、これより西方、十万億の仏土、世界を過ぎた彼方に存在するといい、その相状は、大地はかぎりなく平坦であって、それは七宝、すなわち、金、銀、瑠璃《るり》、珊瑚《さんご》、琥珀《こはく》、硨磲《しやこ》、碼碯《めのう》などによって合成されており、またそのような七宝を組み合わせた宝樹がしげり、それらはさまざまな宝石をもって装飾され、微風にしたがって妙《たえ》なる音楽をかなでているといいます。そしてそこには多くの宮殿、楼閣が並び、無数の宝池があって、美しい功徳の水があふれており、ここに生きるものは、ひとしく容貌が端正で智慧が勝れ、清浄安穏で百味の飲食がえられて至福の生活をおくることができるといいます。

そしてこのような浄土の思想の成立については、近代以降、多くの国内国外の諸学者によって研究されており、それによると、この浄土の思想は、インド以外の外来の思想にもとづくものという考え方と、インドの内部にその起源があるという考え方に分かれ、またそのインド内部説についても、仏教以外の思想によるという見方と、仏教内部の思想によるという見方があります。そして最近においては、その浄土とは、釈尊の遺骨を祀ったところの、仏塔に起源をもつものであろうという説がだされております。

そこでいまは、それらの諸先学の研究成果を参照しながら、きわめて大胆に、私なりの見解を申しますと、阿弥陀仏の浄土の思想とは、仏教における原始経典やその他の文献と、仏教以外のインドの古典、さらにはまた、インド以外のさまざまな文化の影響をうけながらも、基本的には、釈尊の遺骨を祀ったところの仏塔をモデル、原形として、生まれてきたものであろうと思います。すなわち、先学の指摘によりますと、その仏塔の作り方を規定した『律蔵《りつぞう》』の説によると、欄楯《らんじゅん》、行樹《ぎょうじゅ》、宝池《ほうち》、蓮華《れんげ》、伎楽供養《ぎがくくよう》などが明かされていますが、それらはそのままそっくり浄土の荘厳相に重なるわけで、そのことからすると、このような仏塔を原形として、その拡大化、理想化、永遠化の方向において、このような構想が生成してきたものであろうと考えられます。

したがって、その意味においては、従来からの教学論争における、浄土はどこに存在するのか、此土か彼岸かという議論も、またその浄土往生とは現世往生か来世往生かという議論や、その見解の対立も、浄土というものが、このように釈尊の仏塔を原形として成立してきたという、歴史的、思想史的な事情によるならば、阿弥陀仏の浄土とは、まさしくは釈尊の「さとり」、その「いのち」の象徴表現として教説されたことが明瞭であって、それら従来の見解の相違、対立も、この視点に立つかぎり、一気に氷解することでありましょう。

かくして阿弥陀仏の浄土の本質とは、まさしくはそういうものであったわけで、それはこの現実における「さとり」ないしは「信心」の内実として味識し、領解すべきものでありましょう。

このことについては、すでに浅原才市が、

才市が極楽どこにある、心にみちて身にみちて、南無阿弥陀仏が、わしの極楽。

才市や、どこに寝ておる、おるか。娑婆《しゃば》の浄土に寝ておるよ、おこされて参る、弥陀の浄土に。

わたしや臨終すんで、葬式すんで、浄土に心住ませてもろて、南無阿弥陀仏と浮き世におるよ。

娑婆でたのしむ極楽世界、ここが浄土になるぞ嬉しや、南無阿弥陀仏。

と表白しているところであります。まことに見事というほかはありません。

第四章　どうしたら仏に出遇えるか

一　〈無量寿経〉の教え

1　仏に出遇うということ

　ここでは阿弥陀仏を信じることを、あえて仏に出遇《であ》うことだと申したいと思います。阿弥陀仏の教えを学ぶとは、ただその法話を聞いて、ああそうか、よく分かったというような知識のレベルの問題ではありません。わが身、わが人生をかけて確かめる、あるいは心のもっとも深いところでうなずくという。まったく主体的、具体的な宗教体験として受けとめられるべきことがらです。

　しかしながら、世の中の浄土真宗の聞法の座においては、そういう宗教体験というものがすっかり抜け落ちた、ただの知識としての真宗の布教、伝道がまかり通り、またそういう法話を聞いて、真宗の法義《ほうぎ》が分かったつもりになり、またそれで信心をえたつもりになって、そのことが何ら自分の日常生活に生きてこないという、そういう人々が多いように思われます。そこであえて、真宗の教えとは、ひとえに阿弥陀仏に出遇うこと、阿弥陀仏をわが身にかけて確かに体験することだということを、明確化したいという思いで、そういっているわけです。

真宗の教えとは、まさしく阿弥陀仏に出遇うことなのです。そういう仏に出遇ったという確かな宗教体験をもたずしては、仏法を学んだということにはなりません。

ところで、この「あう」という意味については、漢字の「合う」とか「会う」という字は、三角形が基本になっていて、三方から、さらにはまたさまざまな方角から、一カ所に集まってあうことを表わします。また「逢う」とは、二人が両方から進んで来てあうことで、恋人同士がひそやかにあうことを「逢う」といいます。

親鸞は、阿弥陀仏の本願にあうことを、「値う」といい、また「遇う」と申しています。その「値う」とは、函《はこ》とその蓋《ふた》がピタリとあうことをいい、「遇う」とは、偶に重なる字で、予期しないのに、偶然にあうことをいいます。親鸞においては、先師の法然にあったことも、また阿弥陀仏の本願、大悲に開眼したことも、まことに願い求めていたものに、ピタリと出遇い、また不思議にもたまたま出遇ったということであったわけでしょう。親鸞の著述の中には、この「値遇《ちぐう》」という言葉が何度も見られます。

私たちの人生生活においても、親と子の出遇い、夫と妻の出遇い、友人との出遇いなど、さまざまな人間と人間との出遇いがありますが、その出遇いにおいても、「値う」といい、「遇う」といわれるような、そういう実感をともなう出遇いをもつことができたら、どんなにか幸福でありましょう。ことに仏法を学ぶについては、そういう値遇という実感をともなわないかぎり、まことに仏法を聞いたことにはなりません。よき先師、先達に出遇ったという歓び、そしてまた、いままさに阿弥陀仏と値遇しているという体験、実感をもたずしては、仏法を学んだ意味はありません。

2　『浄土三部経』の仏道

阿弥陀仏の教えを説いた仏教の経典は、数多く伝えられて今日に至っておりますが、その中でも、もっともよくまとまって、阿弥陀仏の本願の仏道を明かしている経典を三種選んで、それを『浄土三部経』といっております。すなわち、『無量寿経』と『観無量寿経』と『阿弥陀経』です。

『無量寿経』とは、阿弥陀仏の本願について、もっとも詳しく説くところの経典ですが、ここでは阿弥陀仏について、それを象徴表現するのに、それを言葉として捉え、南無阿弥陀仏なる名号として明かしております。この『無量寿経』のもっとも原形である〈初期無量寿経〉の『大阿弥陀経』によりますと、その阿弥陀仏の第四願文に、

> 某《それがし》作《さ》仏《ぶつ》せん時、我が名字《みようじ》をして、みな八方上下の無《む》央数《おうしゅ》の仏国に聞こえしめん。みな諸仏をして、各々に比丘僧の大衆の中において、我が功徳、国土の善を説かしめん。諸天、人民、蜎飛《けんぴ》、蠕動《ねんどう》の類《たぐい》、我が名字を聞きて慈《じ》心《しん》せざるはなけん、歓喜《かんぎ》踊《ゆ》躍《やく》せんもの、みな我が国に来生《らいしょう》せしめん。この願を得て乃ち作仏せん。この願を得ざれば終に作仏せず。

と説いております。その意味は、阿弥陀仏が仏になったならば、十方世界の諸仏をして、あらゆる人々に向って、阿弥陀仏の功徳とその浄土の勝れていることについて説明させるであろう。そしてその阿弥陀仏の名号を聞いて信心歓喜するものは、必ずそのすべてを阿弥陀仏の浄土に往生させるであろう。もしもそのことが成就しなかったら、私は決して仏にならないという誓願です。

このような誓願は、〈後期無量寿経〉の『無量寿経』や『如来会』の第十七願文に展開しておりますが、ここでは明確に、阿弥陀仏とは、言葉として、名号として、私たちに働きかけてきて、その名号を聞いて信心歓喜するものは、すべて浄土に往生できるというわけです。すなわち、阿弥陀仏に出遇うためには、心の耳を育てて、その阿弥陀仏の名号を

聞けよといい、まさしく聞名《もんみょう》往生《おうじょう》の道を教説しているのです。

そして『阿弥陀経』もまた、同じように、阿弥陀仏を言葉として捉え、それを南無阿弥陀仏なる名号として明かしております。そこでは「阿弥陀仏を説くを聞いて名号を執持《しゅうじ》する」とありますが、その文章は、その『サンスクリット本』によりますと、「阿弥陀仏の名号を聞いて思念する」となっており、また別訳の『称讃浄土経《しょうさんじょうどきょう》』においても、「阿弥陀仏の功徳の名号を聞いて思惟する」となっておりますので、この文は、名号を聞いて信心歓喜することを意味し、ここでもまた同じように、聞名往生の道を教示していることが知られます。ことにこの『阿弥陀経』では、その経末において、「この諸仏所説の名および経名を聞くものは（中略）不退転をうる」と語って、聞名不退の利益についても明かすところです。

ところが、いまひとつの『観無量寿経』は、その経名が意味しているように、観仏《かんぶつ》について明かすもので、そこでは阿弥陀仏が姿形、仏身として象徴されており、阿弥陀仏に出遇うためには、心の眼を育てて、その仏身を観ることが肝要であるといって、観仏の道を説いております。

そこでは、その観仏の方法をめぐって、十六種にわたって細かに教説されております。まずはじめに阿弥陀仏の住処としての浄土の相状について種々に観察し、次いで、阿弥陀仏自身の仏身について種々に観察することが示されておりますが、またそれぞれについては、その観想に入る以前の、準備、トレーニングの観想についても細かに教示されております。これが阿弥陀仏をめぐる観仏の道であります。

かくして、この阿弥陀仏について教説する『浄土三部経』は、阿弥陀仏を体験し、それに出遇う道としては、聞名の道と観仏の道の二種の仏道を明かしているわけですが、阿弥陀仏の本願にもとづく仏道としては、ひとえに聞名を中心とする道を明かしております。

3　『大阿弥陀仏経』の教説

そこでもっとも原形である『大阿弥陀経』によりますと、阿弥陀仏の本願にもとづく浄土往生の仏道については、すでに上においてふれたように三種の道があるといいます。

第一の道とは、在家者にして、日ごろに善根を修めることが少なく、悪業を犯すことの多い、不善作悪者なる下層の庶民が、阿弥陀仏の名号を聞くことによって浄土に往生をうるという聞名の道をいいます。第二の道とは、同じく在家者にして、精神的にも経済的にも、いささか余裕をもった人々が、世間に布施し、起塔作寺し、僧侶に供養するなどの、諸種の善根を修めることによって浄土に往生をうるという諸善奉行の道をいいます。第三の道とは、出家して僧侶となり、戒律を守って菩薩道を行ずるという出家者の道をいい、ここではこのような三種の仏道を明かしております。

この『大阿弥陀経』において、善を修めることが少なく悪を犯すことの多い、不善作悪者の仏道を語っていることは充分に注目すべきであって、このような思想は、阿弥陀仏思想が、在家者中心の仏塔崇拝集団を母胎として生成してきたといわれることとも、深く関連するものであると理解されるところです。

そしてまた、この不善作悪者なる下層の民衆のための仏道が、ひとえに聞名にもとづく道として語られていることも重要です。悪人往生と聞名往生とがセットとして教説されていることは、後世の浄土教、ことには親鸞における真宗の行道において、よく継承され、発揮されたところであって、あわせて充分に注目されるべきでありましょう。

しかしながら、そのような〈初期無量寿経〉の教説も、〈後期無量寿経〉になってきますと、その聞名の思想がいっそう強調されてくることとなります。その〈後期無量寿経〉の『無量寿経』および『如来会』によりますと、上に見た『大阿弥陀経』において教説された、不善作悪者なる下層の民衆のための仏道、同じく在家者にして諸種の善根を修習することのできる一般民衆の仏道、そしてまた出家して戒律を守り菩薩道を修める僧侶の仏道の、三種の仏道が伝統継承されて説かれるわけです。

そしてその在家者の仏道としての、その不善作悪者の庶民の仏道と、善根修習の可能な一般民衆の仏道は、ともに聞名の道として説かれることとなり、さらにはまた、同じ〈後期無量寿経〉としての『サンスクリット本』は、この『無量寿経』および『如来会』よりも、さらにのちに成立したものと考えられますが、そこでは不善作悪者の道と出家者の道の二種の仏道のみが教説されており、その道はいずれも聞名、信心の道として明かされております。

そのことからしますと、〈無量寿経〉における仏道とは、もともとは不善作悪者なる下層の庶民の道として語られた聞名往生の道に、すべての仏道が帰結していったということでありましょう。事実、その『無量寿経』および『如来会』の四十八願文を精査しますと、その四十八種の願文の中で、聞名往生、聞名不退、聞名利益などの聞名について誓った願が、十三種（第十八願文を含む）もあり、この〈後期無量寿経〉が、その仏道において、聞名思想をいかに重要視しているかが、よくよく知られてくるところであります。

4　阿弥陀仏の声を聞く

この〈無量寿経〉では、浄土往生の行道として、聞名ということを強調するわけですが、ここでいう聞名、阿弥陀仏の名前、名号を聞くということは、より具体的には、いかなる事態、状況をいうのでありましょうか。それについては、『大阿弥陀経』には、「阿弥陀仏の声を聞きて」と明かしております。だからその聞名とは、阿弥陀仏の「声」を聞くことであることは明瞭であります。

すでに上に見ましたように、その『大阿弥陀経』によりますと、阿弥陀仏は、その第四願文において、十方世界の諸仏によって、自分の功徳とその働きについて教説させ、人々にその名号を聞かしめて信心歓喜するならば、そのすべてを浄土に往生させようと願っているわけです。だからいま、「阿弥陀仏の声を聞く」とは、その諸仏の教説、その諸仏の称名を通してこそ、阿弥陀仏の声を聞くのです。

しかし親鸞は、この『大阿弥陀経』の文を、その『教行証文類』の「行文類」と「真仏《しんぶつ》土《ど》文類《もんるい》」に引用しておりますが、そこではともに、その経名の正式な名前を掲げて、

『仏説諸仏阿弥陀三耶《さんや》三仏薩《さんぶつさ》楼《る》仏檀過《ぶつだんか》度《ど》人道経《にんどうきょう》』

と記しております。だがこの経典の正式な名称は、『仏説阿弥陀三耶三仏薩楼仏檀過度人道経』であって、そこには「諸仏」という二字はありません。このことは私見によるところ、親鸞自身の自己領解にもとづいて、あえてこの「諸仏」の二字を付加したものであろうと思われます。ことにそれについては、『浄土和讃』において、「諸仏」の語に左訓して、

弥陀を諸仏とまうす。過度人道のこころなり。

と明かして、この『大阿弥陀経』によれば、阿弥陀仏は諸仏であるというわけですが、そ

のことは、十方世界の諸仏が、阿弥陀仏の功徳とその働きについて教説し、その仏名を称しているということは、それはそのまま阿弥陀仏の「声」として、私に対する阿弥陀仏の告名、呼び声にほかならないことを意味するものであります。

また親鸞は、その「真仏土文類」に引用する、この『大阿弥陀経』の「阿弥陀仏の声を聞く」という文については、その「声」の字にあえて「ミナ」と振り仮名を付しておりますが、そのことからすれば、その阿弥陀仏の声とは、阿弥陀仏自身が南無阿弥陀仏と自己を名のる声、仏の告名、その私に対する呼びかけの声を意味するわけです。

かくして、この〈無量寿経〉における聞名往生の道としての聞名とは、十方世界の諸仏による、阿弥陀仏の功徳とその働きかけをめぐる教説とその称名、より具体的には、この世界における釈尊の教説とその称名について、聞法し聞名することをいい、そしてまたそのことは、そのまま私に対する阿弥陀仏自身の呼び声、阿弥陀仏の名のり、告名の声を聞けよということでもあります。

いまこの〈無量寿経〉で明かすところの聞名とは、そういう事態を意味するわけであって、その阿弥陀仏の功徳、働きかけについて聞法し、その阿弥陀仏の告名の声、私に対する呼び声を聞いて信心歓喜するならば、ひとしく阿弥陀仏の浄土に往生することができるというわけであります。

すなわち、このように「阿弥陀仏の声を聞く」こと、その聞名こそが、浄土真宗における仏道の基本をなすわけであって、真宗を学ぶについては、まずこのことを充分に領解していただきたいと思います。

二　龍樹浄土教の教え

1　難行道と易行道

上に見たところの、〈無量寿経〉に説示された聞名往生、聞名不退の思想をめぐって、さらに新しく解釈を加え、後世における浄土教理の展開に多大な功績を残したものが、龍《りゆう》樹《じゆ》であります。

この龍樹とは、〈無量寿経〉が成立してからあまり遠くない、紀元一五〇年ごろより二五〇年ごろにかけて生存した人物で、原名はナーガルジュナといいます。南インドに生まれて、はじめはバラモン教について修学しましたが、のちに仏教に転向して有部《うぶ》教学を学び、さらに転じて大乗仏教を学び、ことに般若《はんにや》思想の体系化に尽力いたしました。またその教法の伝道にもつとめて、晩年には、再び南インドに帰って没したといいます。

この龍樹に『十住毘婆沙論《じゅうじゅうびばしゃろん》』という著作があります。それは『十地経《じゅうじきょう》』の註釈書として、大乗仏教における菩薩道の十地（十住）の階位について明かしたものですが、それは第二地の中途で終っている未完成の論書です。しかしながら、それによりますと、在家の者が仏道を修めて、その初地、不退転地に至るについては二種の道があるといい、そのひとつは五功徳《ごくどく》の法を修める道であると明かします。この五功徳の法とは、不得我、不得衆生、不分別説法、不得菩提、不以相見仏の行をいい、それは般若思想にもとづくところの、空無《くうむ》我観《がかん》などの実践を意味するもので、まことに高級にして困難な行道であります。

ところがその困難な仏道に対して、いまひとつ、世間の道に、陸路を歩行するという困難な道と、水路を乗船して進むという容易な道があるように、きわめて易しい、信方便易行なる道があるといいます。そしてそれが聞名不退の道であるというわけです。龍樹はその『十住毘婆沙論』の「易行品《いぎょうぼん》」においては、

> もし善男子善女人、この仏名を聞きて能《よ》く信受するものは、即ち阿耨多羅三藐三菩提《あのくたらさんみゃくさんぼだい》を退せず。

と明かし、またその「釈願品」では、

> 仏名を聞けば必定《ひつじょう》に入るとは、仏に本願あり、もし我が名を聞けば即ち必定に入る。
> 仏を見るが如く、聞くこともまた是の如し。

と説いております。すなわち、すでに仏にそういう本願があって支持されるから、仏の名号を聞いてよく信心歓喜するならば、この現身において、ただちに初地、必定、正定聚、不退転地に至ることができるというわけです。

このように、仏名を聞いて信受するならば、ただちに現身において初地、不退転地を証することができるとは、〈後期無量寿経〉の『無量寿経』の第四十七願文に、

たとい我れ仏をえんに、他方国土の諸《もろもろ》の菩薩衆、我が名字を聞きて、即ち不退転に至ることをえざれば正覚を取らず。

と誓い、またその第四十八願文においても、

たとい我れ仏をえんに、他方国土の諸《もろもろ》の菩薩衆、我が名字を聞きて、即ち第一、第二、第三法忍に至ることをえず、諸の仏の法において、即ち不退転をうることあたわずば正覚を取らず。

と願っております。このことは『如来会』にも、また『サンスクリット本』にも見られるところです。その点、龍樹はすでにこの〈後期無量寿経〉を見ていたことが知られます。

なおこのように、仏名を聞くならば、現身において不退転地に至るということは、その他の大乗経典においても説かれるところであって、『宝月童子所問経《ほうがつどうじしょもんきょう》』には、十方十仏の名号を聞いて不退転地に至るといい、また『八吉祥神呪経《はちきつしょうじんじゅきょう》』では、八仏の名号を聞くなら

ば、やがて無上正等覚の道に進むことができると説いております。

なおまた、その「易行品」によりますと、仏名のみでなく、菩薩の名字を聞くことによっても、同じく不退転地に至ることができると明かしておりますので、当時の大乗仏教においては、そのような仏、菩薩の名号の意味が、きわめて高く評価されていたであろうことがうかがわれます。

ところで、龍樹はこのように、〈無量寿経〉などにもとづいて、仏名や菩薩名を聞いて信受するならば、よく初地、不退転地に至りうるというわけですが、それはいかなる理由によって、そういうことになるのでしょうか。

そのことについては、この〈無量寿経〉が成立して、あまり遠くない時代に成立したと考えられる『大智度論』によりますと、仏には、法身《ほっしん》と色身《しきしん》とがあるが、その法身とは、形相を超えたものであって、この迷妄、生死の世界に生きる私たちには、とうてい見ることはできません。そこでその法身が、さらに形相をもってこの世間に向って示現し到来したものが、色身（仏身）であり、名号である、と明かしております。

そこで龍樹は、その教示をうけて、『十住毘婆沙論』の「念仏三昧品」において、私たちが仏を見る、仏に出遇うについては、まず色身仏を念じて自分の心をよく育てていくべきであり、それが成就したら次いで法身仏を念じ、さらにそれが成就したら、諸法実相《しょほうじっそう》な

る真如空法《しんにょくうほう》を体解できると語っております。そしてまたさらに次いで、

> 是の人いまだ天眼《てんげん》を得ざる故に、他方世界の仏を念ずるも則ち諸山の障碍あり。是の故に新発意《しんぽっち》の菩薩は、十号の妙相を以って仏を念ずべし。新発意の菩薩は、十号の妙相を以って念仏すれば、毀失無きこと猶し鏡中の像の如し。十号の妙相とは、所謂、如来、応供《おうぐ》、正遍知《しょうへんち》、明行足《みょうぎょうそく》、善逝《ぜんぜい》、世間解《せけんげ》、無上士《むじょうし》、調御丈夫《じょうごじょうぶ》、天人師《てんにんし》、仏、世尊なり。

と説いております。仏は、この世俗の世界の私たちに向って、種々なる方法をもって到来し示現しているが、いまだ心眼を開くことができず、さまざまな煩悩、障碍があって色身仏、仏身を見ることができない者は、その仏の名号をたよりとして念仏するならば、それはあたかも鏡の中の自分の姿を見るように、きわめて明瞭に仏に出遇い、仏を見ることができるというわけです。

すなわち、仏とは、この世界に向って、法身、色身、名号として到来し示現しており、私たちが仏と出遇い、仏を体験するということは、なかなか困難であるが、仏がこの世俗に向って、もっとも接近し、到来した仏名、名号をたよりとして念仏するならば、いかなるものでも容易に仏を体験でき、見仏することができるというわけです。

いま龍樹が、この〈無量寿経〉などの経典に説かれる聞名不退、聞名往生の道に注目し

たのは、このような『大智度論』の論理、その教示にもとづくものであり、龍樹はここにおいて、在家者の菩薩道として、誰でもが初地、不退転地に至りうる、新しい易行道を開顕し、その仏道がひとえに聞名にもとづく道であることを教示したわけであります。

2　三業奉行の道

龍樹は、その聞名不退の道を明かすについて、すでに上に見たように、その「易行品」において、「仏名を聞きて能く信受するものは、即ち阿耨多羅三藐三菩提を退せず」といい、また上に見たところの『大阿弥陀経』によれば、「我が名号を聞きて慈心せざるはなけん、歓喜踊躍せんもの、みな我が国に来生せしめん」と説くところですが、このように「聞名して信受する」といい、また「聞名して慈心歓喜する」ということは、より具体的には、いかなる行業を実践することによって、そのような事態が成立してくるものでしょうか。経典はそのことをめぐっては、充分に具体的に説くところはありません。

そこで龍樹は、その「易行品」において、その聞名信受のための具体的な行業として、身口意《しんくい》の三業《さんごう》の奉行《ぶぎょう》を提唱しております。

すなわち、まず身業《しんごう》において礼拝《らいはい》せよといいます。この礼拝は、仏像に対する礼拝か、それぞれの仏の国土、仏土の方向に対する遥拝か明確ではありませんが、すでにこの龍樹の時代には、インドの西北なるガンダーラ地方（現在のパキスタン）や、中インドのジャムナー河畔のマトゥラー地方において、仏像が作成されていたといわれますので、そのような仏像に対する礼拝を意味するとも考えられます。

次に口業《くごう》においては称名、仏名を称《とな》えよといいます。この仏名を称するということは、いままでの浄土教には存在しない行為でありました。〈初期無量寿経〉に阿弥陀仏の名前を称えたと説かれていますが、今日の研究によりますと、それは中国における翻訳において挿入されたもので、もともとは存在しなかったといわれております。〈後期無量寿経〉には、称名の思想は基本的には見られません。後世において、第十八願文の「乃至十念」を称名と理解する考え方が生まれてきましたが、その十念の「念」の原語はチッタ（心）のことで、そこには基本的には称名の意味はありません。その点、この〈無量寿経〉には、もともと称名という思想はありませんでした。

浄土教における称名思想とは、この龍樹によってはじめて導入されたものであります。それでは、龍樹はどうしてこの称名思想を取り入れたのか。最近では、西方の文化、思想の影響によるという見解もだされていますが、その「易行品」によると、

その名号を称すること、宝月童子所問経の阿《あ》惟越致《ゆいおっち》品《ぼん》の中に説くが如し。

とあって、その『宝月童子所問経』によったと語っておりますので、それにもとづいて主

張したものと思われます。そしてまた意業《いごう》によって憶念《おくねん》せよといいます。このことは、上にあげた礼拝行と称名行が、より徹底してまことの行業となるについては、必然的に要求されるところの心的行為でありましょう。

かくして龍樹は、この礼拝、称名、憶念なる三業の行為を、その日々の生活の中で不断に相続していき、それが生活習慣の行業として徹底していくならば、やがてその聞名の深化として、信心体験が開発し仏を見ることができ、初地、不退転地の「さとり」をひらくことができるというのです。その「易行品」に、

もし人善根をうえて、疑えばすなわち華《はな》開けず、信心清浄なるものは、華《はな》開けてすなわち仏を見る。

と明かすところです。このような礼拝、称名、憶念の三業を実践していくならば、やがて信心の華が開いて仏を見る、仏に出遇える、仏を体験することができるというわけであります。そしてまた龍樹は、そのことについて「如来の家に生ず」(「入初地品」)とも語っておりますが、このことは聞名往生という経説にもとづくもので、その初地、不退転地に至ることを、また現生《げんしょう》における浄土往生の意味としても理解していたことを物語るものでありましょう。

いずれにしても、ここで仏に出遇うという聞名信受、聞名慈心歓喜という事態とは、そ

の日々における礼拝、称名、憶念という三業を実践し、それを相続徹底していくことにおいてこそ、よく成立するということであります。

3　真宗における仏道の確立

かくして龍樹においては、在家者の仏道、菩薩道としては、難行《なんぎょう》道《どう》と易行道《いぎょうどう》があるが、その易行道とは、仏の本願にもとづくところの聞名不退の道であて、それはより具体的には、その日々において礼拝し、称名し、憶念することであり、そのことをそれぞれの人生における生活習慣行として相続し、徹底していくならば、やがて信心清浄なる境地がひらけて、まさしく見仏《けんぶつ》し、仏に出遇うという宗教的体験をもつことができるということでありました。これなら誰でもが実践可能な仏道であって、まさしく易行道といいうるものでありましょう。

そしてこのように、龍樹において確立された易行道としての三業奉行の道が、その後の浄土教理の展開のなかで、さまざまに変化していきましたが、このような礼拝、称名、憶念の行業こそが、真宗における仏道の基本をなすものであり、真宗における仏道とは、この龍樹浄土教によって、はじめて確立されたということであって、今日における私たち真宗者の日常行儀の始源がここにあることは、重々に銘記されるべきことでありましょう。

三　インド・中国・日本の浄土教

1　インドにおける浄土教

このような、龍樹浄土教において確立されたところの浄土の仏道が、その後どのように、インド・中国・日本へと流伝し、展開していったかという問題については、きわめて簡略に叙述するほかはありません。

まずインドにおいては、龍樹のあとに天親《てんじん》がでて、浄土教を開顕しました。この天親は紀元三〇〇年ごろより四〇〇年ごろに生存した人物で、原名はヴァスバンドゥといいます。現在のパキスタンのペシャワールの出身です。はじめは小乗仏教を学んでいましたが、兄の無着《むじゃく》に導かれて大乗仏教に転向し、唯識《ゆいしき》教学の組織化に尽力いたしました。

この天親に『浄土論』という著作がありますが、それは阿弥陀仏の仏身とその浄土を観見することによって、次第に妙楽勝真心《みょうらくしょうしんしん》といわれる信心を成就し、その信心にもとづいて浄土に往生する道を明かしたものであります。そしてその観見の方法については、礼拝《らいはい》門、讃歎《さんだん》門、作願《さがん》門、観察《かんざつ》門、廻向《えこう》門の五念門行《ごねんもんぎょう》を提唱し、その行業による浄土往生を語っております。

問題は上に見た龍樹が、阿弥陀仏を言葉、名号として捉えて、その仏名を聞くということ、聞名の道を明かしたのに対して、この天親は、阿弥陀仏を姿形、仏身として捉えて、その仏身と仏土とを観《み》るということ、観仏《かんぶつ》の道を明かしているということです。

ことにここで天親が観仏の道を明かしたのは、いかなる経典にもとづいて主張したものか明瞭ではありません。古くから、天親が根拠とした経典は『観無量寿経』であろうといわれてきましたが、今日の研究では、この『観無量寿経』は、中国において成立したものであろうといわれ、また中央アジアにおいて生まれたものであろうとも考えられております。その点、根拠としての経典についてはいまなお明確ではありませんが、ここでは明らかに観仏の道を語っているわけです。

ただし、その観仏の道として説かれた五念門行の中の、礼拝門、讃歎門（称名）、作願門（憶念）の三門は、龍樹によって主張された礼拝、称名、憶念の三業奉行が、そのまま継承されているわけで、そのような行業にもとづくところの観仏の道を説いており、その点からすれば、天親の浄土教は、龍樹浄土教を継承しているともいいうるところであります。

2　中国における浄土教

このようなインドにおける浄土教が、その後に中央アジアを経由して中国に伝えられたわけです。そしてその早い時期に、インドの龍樹浄土教と天親浄土教を継承したのが曇鸞《どんらん》（四七六〜五四二ごろ）であります。

この曇鸞は、北中国に生まれ、幼くして出家して龍樹の般若《はんにゃ》教学とその浄土教を学びましたが、のちに天親の浄土教も学ぶこととなり、両者の統合をはかりました。その著作『往生論註《ろんちゅう》』によりますと、教学理解の中核は称名念仏行の実践でありました。したがって、ここでは直接的には、聞名の道も観仏の道も注目されることはなく、もっぱら称名行の実践が主張され、それにおいて臨終に十念念仏という宗教的な境地を成じ、往生するという道が明かされました。

そしてこの曇鸞の浄土教が展開して善導《ぜんどう》（六一三〜六八一）の浄土教となるわけですが、この善導は、北中国に生まれて、幼くして出家し早くから浄土教に帰依しました。この善導の修道生活はまことに厳格で、その教化は広汎に及んだと伝えています。その著作の『観無量寿経疏《しょ》』などによりますと、浄土往生の行業としては、天親浄土教の五念門行を継承しながら、新しく読誦《どくじゅ》正行、観察正行、礼拝正行、称名正行、讃歎供養《さんだんくよう》正行なる五正《ごしょう》行《ぎょう》を主唱し、その中でも、ことには称名行こそが浄土往生の正定業《しょうじょうごう》であり、あとの四行はそれを補助する助業《じょごう》であるといい、その称名行を徹底するならば、やがて三昧《さんまい》をえて見仏することができ、それにおいて浄土に往生をうると主張いたしました。

かくして、インドにおいて、〈無量寿経〉にもとづく行道として、聞名不退、聞名往生が説かれ、その聞名信受の体験の手段として説かれた礼拝、称名、憶念の三業奉行が、中国浄土教においてはいささか変形し、もっぱら称名行中心の仏道となっていったわけであります。

3　日本における浄土教

このような中国浄土教が、日本に伝来したのはきわめて早く、すでに飛鳥《あすか》時代には『無量寿経』が講じられたと伝えております。また奈良時代においては、『正倉院文書』によりますと、『浄土三部経』や龍樹の『十住毘婆沙論』、天親の『浄土論』、曇鸞の『往生論註』、善導の『観無量寿経疏』などが、伝来、書写されていることがうかがわれます。

しかしながら、それが仏道として実践的に受容されてくるのはその後のことであって、ことに平安時代になると、比叡山の天台宗において、浄土教が重要視されることとなりました。しかしここでは、天台宗の基本的立場である観心、観仏体験成立のための手段としての浄土教であって、その常行堂《じょうぎょうどう》における九十日間にわたる昼夜兼行、不眠不休の称名行は、その代表的なものでありました。

この比叡山に天台宗の僧侶として住した源信《げんしん》（九四二～一〇一七）は、その生涯をかけて浄土念仏に生きた人ですが、その著作である『往生要集《おうじょうようしゅう》』によりますと、念仏については、観念念仏と称名念仏の二種があるといいます。そしてその観念念仏とは、天台教学がめざすところの、観心、観仏の究極的体験をうるための手段としての称名念仏をいうものであり、また称名念仏とは、日々に不断に称名念仏を相続して、臨終に阿弥陀仏の来迎を期待するというものでした。

源信によれば、その観念念仏こそが高級な行業でありましたが、その『往生要集』に、

極重の悪人には他の方便なし、ただ仏を称念して極楽に生ずることをうる。

と明かすように、観念念仏を修めることの困難な凡愚《ぼんぐ》にとっては、ただもっぱら称名念仏して浄土に往生する以外に、迷界を出離する道はないと語っております。この源信の浄土教は、その後の日本の浄土教の展開に、多大な影響をもたらしました。

そしてその比叡山において浄土教を学び、のちに比叡山を下りて民衆に交じりつつ、新しく日本の浄土教を独立させたのが法然《ほうねん》であります。法然は善導浄土教を継承しながら、『選択《せんじゃく》本願念仏集』を著わして、ただいまの末法《まっぽう》時代においては、ただ称名念仏こそが、

往生成仏のための唯一の仏道であると主張しました。しかし、そのことによって、比叡山や奈良の旧仏教教団から厳しい批判をあびて、時の政治権力から弾圧をうけました。しかしこの法然による専修念仏の主張によって、その後の日本には、ひろく浄土教が展開し、浸透していくこととなったわけであります。

四　法然門下の混乱

1　一念と多念の対立

ところが、その法然の門下において、称名念仏の行業について、その称名の数量をめぐって見解が分裂していきました。すなわち、『無量寿経』の第十八願文によると「乃至《ないし》十念《じゅうねん》」と説かれており、その第十八願成就文によると「乃至一念《いちねん》」と明かされておりま す。法然は、ここでいうところの「念」とは「声」のことであると理解しましたから、「乃至一念」とは乃至一声の称名念仏、「乃至十念」とは乃至十声の称名念仏ということになります。

そこでその乃至一声の立場に立って、称名念仏とは、その内実がともなうならば、一念、ただの一声の称名念仏でもよいと主張する一念義《いちねんぎ》と、その乃至十声の乃至という立場、または十声、多声の立場に立って、日々の称名念仏の数量はできるだけ多い方がよいという、多念、多声を主張する多念義《たねんぎ》とに分裂していきました。

2　一念義の主張

一念義の立場に立ったものが、証空《しょうくう》です。証空は、阿弥陀仏はその第十八願文において、「もし生まれずば正覚を取らじ」と誓いながらも、すでに十劫の昔に成仏しているのであるから、理論的には、私たちはすでに往生しているのであって、そのことを知らないところに現実の「まよい」が存在するといいます。そしてまた南無阿弥陀仏なる六字の名号には、私が往生するための願《がん》と行《ぎょう》が具足され、またその名号とは、私の南無の機《き》と阿弥陀仏なる法《ほう》が一体として成就されているところ、願行具足《ぐそく》、機法一体《きほういったい》なる、名体不二《みょうたいふに》の名号であって、その仏体即行《ぶったいそくぎょう》としての名号によってこそ、私たちはよく往生することができるというわけです。

かくしてそういわれを聞知して一念領解するならば、そのところにおいて、ただちに即便往生をえて、ここに往生の道が帰結するというわけです。これは天台教学が語るところの本覚法門《ほんがくほうもん》に学んだものであり、まことに観念的な理解というほかはありません。

証空は、このような立場から、念仏以外の聖道教が説くところの諸行や、浄土教の定《じょう》散《さん》二善などの善根も、すべて「念仏胎内《たいない》の善」であるといって、その念仏の中に摂《おさ》まると主張いたしました。当時の比叡山や奈良の聖道教団からの、激しい念仏批判に屈して妥協したということであって、師の法然が主張したところの、専修念仏の教えを裏切ったわけであります。この証空の教えが今日に伝えられているのが、京都の長岡京市の粟生《あお》の光明寺を本山とする西山《せいざん》浄土宗であります。

3　多念義の主張

一方、多念義の立場に立つものが、弁長《べんちょう》です。弁長は、阿弥陀仏の誓願には総願と別願があるといい、その総願の四弘誓願では、三福、六度などの諸行往生が明かされ、その別願の四十八願では、第十八願に念仏往生の道が、第十九願に来迎引接《らいごういんぜい》の益が、第二十願には順後往生の益が誓われていると理解して、諸行往生は非本願の道であるけれども、念仏往生の道とともに往生できるといいます。いわゆる「二類各生《にるいかくしょう》」の主張です。

ここでもまた、師の法然の専修念仏の教示に背いて、比叡山や奈良の旧仏教教団からの圧力に屈しているわけです。

また、この弁長は、念仏の修習の仕方については、基本的には多念の念仏を主張するのですが、それに尋常行儀《ぎようぎ》、別時行儀、臨終行儀の三種の行儀を定めております。その尋常行儀とは、その日々における称名念仏の修め方をいい、別時行儀とは、特別の日時と場所を設定しておこなう称名念仏の修め方をいい、臨終行儀とは、臨終にあたっておこなうべき特別の作法をいいます。

さらに弁長は、その臨終の念仏において仏の来迎をえ、見仏し正念に住してこそ、よく浄土往生が成立するというわけで、もしも臨終の相が悪い場合には、往生できず悪所に堕すと申しております。臨終の善悪を厳しく問うわけです。この教えは今日では、京都市の東山の知恩院を本山とする浄土宗として伝統されております。

五　親鸞における開顕

1　親鸞の新しい開眼

すでに上において見たように、〈無量寿経〉に教説される基本的な浄土の仏道とは、阿弥陀仏を言語、名号と捉えることにもとづく、不善作悪者なる下層民衆のための仏道としての、聞名不退、聞名往生、聞名得益の道でありました。そしてその聞名の仏道をめぐっては、インドの龍樹浄土教によって、その聞名信受、聞名信心という宗教体験をうるためには、その日々の生活において、礼拝、称名、憶念の三業を相続し、それを徹底していくことが肝要であることが教示されました。

そしてそのような浄土教は、一般民衆の仏教として、中国に流伝していきましたが、中国の庶民生活においては、礼拝という行為は、特定の寺院に参詣しないかぎり成立しがたい状況であったところから、もっぱら称名行が中心となっていき、ついに善導浄土教においては、称名正定業が主張されることとなりました。

善導浄土教が、日本に伝来して法然によって継承されることとなると、法然は、それ以外の行業を排除して、阿弥陀仏の本願にもとづく仏道とは、ひとえに称名念仏の一行を専修すべきであると主張いたしました。ところが、上に見たように、その称名念仏の数量の理解をめぐって、その門下において、一念義と多念義の対立が生まれてくることとなったわけです。

親鸞が法然に出遇って、その吉水《よしみず》教団に入門したころには、すでにこのような一念義と多念義の対立が生まれていたと考えられます。その意味では、親鸞もまたその一念、多念の論争に巻きこまれていったものと想像されますが、親鸞はそこで、そのことをめぐって、〈無量寿経〉の本義はどうであるかを、徹底して研尋していったと思われます。

親鸞には、この吉水教団時代に作成したと考えられる、『観無量寿経集註《しっちゅう》』と『阿弥陀経集註《しっちゅう》』があります。それは『観無量寿経』と『阿弥陀経』について、まずその本文を書写し、それに読み方を加えて、その行間およびその天地にわたり、そしてさらにはその裏面までも用いて、細かな筆致をもって、種々の参考文献による註記を書き入れたものであります。丹念なる学習の跡がよくよくうかがわれる研究ノートです。

今日においては、『観無量寿経』と『阿弥陀経』の『集註』しか伝わっておりませんが、それについては、当然に、『無量寿経』の『集註』も作成されたことであろうと思われます。もしもそういう『無量寿経集註』なるものが存在したとすれば、親鸞が〈無量寿経〉について、どのように研尋したかがうかがい知れるところでありましょう。しかしながら、それは存在しておりません。

親鸞は若き時代に比叡山において修学したわけですが、いつのころか、横川《よがわ》の常行堂《じょうぎょうどう》の堂僧《どうそう》を勤めていたことが知られます。この横川とは、源信の隠棲の地でもあったところで、親鸞はその当時、ここにして源信の著作になじんだであろうと思われます。

その源信の『阿弥陀経略記』によりますと、『阿弥陀経』の「もし善男子善女人ありて、この諸仏の所説の名、および経名を聞くものは（中略）みな阿耨多羅三藐三菩提を退転せざることをうる」という文を註釈して、仏名を聞くならば不退転地に住するといい、それについては、『無量寿経』の聞名不退の願文や、龍樹の『十住毘婆沙論』における聞名不退の文を引用して論証しております。

そこで私の見解では、親鸞は若き日に、この源信の『阿弥陀経略記』の文を読んで、すでに浄土教における聞名不退の思想を知っていたとも推測されるところです。そうとすれば、親鸞はこの吉水教団における〈無量寿経〉の研尋において、早くより阿弥陀仏の本願にもとづく浄土往生の行道が、聞名信受、聞名不退の道であることを充分に認識し、その行道が称名念仏の数量の問題ではないことを、よくよく承知、領解していたであろうことが想像されます。

すでに見ましたが、親鸞が、その聞名をめぐって「真仏土文類」に引用しているところの、『大阿弥陀経』の、

阿弥陀仏の声を聞く、

という一節は、すでにこの時代に出遇っていた文章かもしれません。

ともあれ、親鸞は、この法然門下の一念多念の論争を契機として、その称名念仏とは、数量の問題ではなくて内実の問題であり、それは、ひとえに私たち一人ひとりにおいて、阿弥陀仏の私に対する呼び声として、確かに確かに、聞かれるべきものであることについて開眼し、確信していったであろうと思われます。

2 「行文類」の教示

そこで親鸞は、真宗における行業を明かすについて、上に見たような、称名と聞名とが即一すべき論理を展開いたします。すなわち、親鸞はまずその「行文類」の冒頭において、真宗における行を指定して、

大行《だいぎょう》とは、則ち無碍《むげ》光如来《こうにょらい》の名《みな》を称するなり。

と明かします。真宗における往生成仏の道は、ひとえに私における称名念仏行において成立するというわけです。そしてそのことについて親鸞は、その「行文類」の巻頭において、

諸仏称名の願　浄土真実の行　選択本願の行

と明かします。その「諸仏称名の願」とは、『無量寿経』における、阿弥陀仏の第十七願を指すわけで、ここでは阿弥陀仏が、十方世界の諸仏をして、阿弥陀仏の名号を称えながら、私たちにその称名念仏を勧めるように願っているわけです。だから十方世界の諸仏は、つねに阿弥陀仏について讃歎し、称名しているということを表わしているわけです。

そしてその次の割註の「浄土真宗の行　選択本願の行」とは、私の称名行について明かしたもので、はじめの「浄土真実の行」とは、私が申すところの称名念仏行とは、浄土教

における真実の行業であることを意味するもので、それは万善万徳の諸行や、自力の称名念仏なる虚仮《こけ》不実《ふじつ》の行に対するもので、この称名念仏こそが、唯一真実なる浄土の行業であることを明かしたものです。

また次の「選択本願の行」とは、その称名念仏行が、阿弥陀仏の本願によって選ばれたところの、私が往生成仏するための、もっともふさわしい行業であることを意味するもので、そのことはさらにいえば、私が自分の人生における究極の真実、最後の寄るべとして、選びとるべき最高の価値であることを明かしたものです。そのことからしますと、この巻頭の文は、十方世界の諸仏の称名と、私自身が申すべき称名との、両者の称名について教示したものであります。

そのことについては、親鸞はこの第十七願文の願名を、諸仏称名の願、諸仏称揚《しょうよう》の願、諸仏咨嗟《ししゃ》の願、往相正業の願、往相廻向の願、選択称名の願と、六種にわたって明かしますが、その中のはじめの三種は、諸仏の称名を意味して、諸仏がいま現に私たちに向って称名念仏を勧めていることを表わす願名であり、あとの三種は、私の称名念仏行を意味して、私たちが往生成仏するために修めるべきまことの行業とは、ひとえに称名念仏であることを教示した願名であります。

すなわち、いま私たちが申している称名念仏とは、すでに久遠の昔から、十方世界の諸仏がこぞって私たちに向って称名している、そのすばらしい十方諸仏の合唱団のハーモニーの称名に、皆さんもどうぞ一緒にと誘われ、育てられて、その諸仏の美しいコーラスに交じって、称名念仏をしているということにほかならないわけです。

またそのことは、上に明かしたように、その諸仏の称名とは、そのままそっくり阿弥陀仏の私に対する告名、呼び声にほかならないということでもあって、それはそのまま、私の申す称名でありながら、またそっくりそのまま、私において聞かれるべき、阿弥陀仏の私に対する告名、呼び声にほかならないというものであります。

そこで親鸞は、「行文類」の最初のところで、多くの経文を引用してそのことを証明しています。すなわち、この「行文類」においては、まずはじめに、真宗におけるまことの大行とは、私における日々の称名念仏行のことであると規定したあとに、そのことを証明するために引用された経文は、正依の『無量寿経』の五文と、異訳の〈無量寿経〉と『悲《ひ》華《け》経《きょう》』の文の八文の、計十三文でありますが、その中の阿《あ》闍世《じゃせ》王太子《おうたいし》得益の文を別にすると、諸仏の称名について説いたもの六文と、私における聞名往生について明かしたもの六文であることが知られます。

このことは、この「行文類」において指示される真宗における大行としての称名とは、私から阿弥陀仏に向う私の称名でありながらも、それはそっくりそのまま、仏の称名、阿弥陀仏の私に対する呼びかけの声として、まさしく聞かれるべきものであるということ、すなわち、称名とは聞名となるべきことを教示するものにほかなりません。

そしてまた、この「行文類」においては、その次にインド・中国・日本にわたる先師の文を引用したあとに、行の一念について明かすところ、その称名念仏の相続をめぐって解説するについては、善導の『往生礼讃偈』の二種深信の文を引用しますが、親鸞はそこでは、あえて智昇《ちしょう》の『集《しゅう》諸経《しょきょう》礼懺儀《らいさんぎ》』に所収される文を用いております。それは善導の『往生礼讃偈』の原文では、「及称名号下《げ》至《し》十声《じっしょう》一声《いっしょう》等《とう》」とあるものが、この智昇の文では、「及称名号下至十声聞等」となっているわけで、ここでは、「一声」が抜けて、「聞」の字が入っているわけです。

そこで親鸞が、あえてこの智昇の文を用いたのは、これこそが善導の真意であると領解して、その称名号について「聞」とあることに注目し、まことの称名とは、称名する主体にとっては、そのまま「聞名」であるべきことを示そうとしたためであると考えられます。事実、親鸞は、その『一念多念文意』においても、この『往生礼讃偈』の文を解釈するについて、

名号を称すること、とこえ、ひとこえ、きくひと、うたがふこころ一念もなければ。

と明かし、またその『尊号真像銘文』においても、善導の『観念法門《かんねんぼうもん》』の「称我名字下至

十声」の文を解釈するについて、

下至といふは、十声にあまれるもの、一念、二念聞名のものを。（略本）

下至といふは、十声にあまれるものも、聞名のものおも。（広本）

と語って、その称名がそのまま聞名であるべきこと、すなわち、私から仏に向う私の称名が、そのままそっくり、仏から私に対する仏の称名となって、その称名とは、私にとってはひとえに聞かれるべき称名、聞名となるべきことを明かしているところです。

かくして「行文類」において教示されるところの、大行としての私の称名念仏行は、その念々において、私においてよく聞かれるべきものであったわけです。このことは、親鸞における大行としての称名念仏行の根本的な意趣でありますから、よくよく領解していただきたいと思います。

また親鸞は、上に申したところの、それら十三文にわたる経文の引用をまとめ、次のように明かして、ついにはその称名を信心に帰結いたします。すなわち、

しかれば、名《みな》を称するによく衆生一切の無明《むみょう》を破し、よく衆生一切の志願《しがん》を満てたまう。称名は、すなわちこれ最勝真妙の正業《しょうごう》なり。正業すなわちこれ念仏なり。念仏はすなわちこれ南無阿弥陀仏なり。南無阿弥陀仏はすなわちこれ正念なりと。知るべしと。

といいます。この文の意味は、称名とは、私たちのすべての無明、煩悩を転じ、私たちのあらゆる志願を成就することとなります。すなわち称名とは、もっとも勝れてまことなる正しき行業、行為であります。また、その正業とは念仏であります。そしてその念仏とは、すなわち南無阿弥陀仏と称えることであり、またその南無阿弥陀仏は、すなわちこれ正念であります、というわけです。

ここで南無阿弥陀仏と称名することは正念であるといいますが、親鸞においては、正念とは、『末灯鈔』によれば、「正念といふは、本弘《ほんぐ》誓願《ぜいがん》の信楽《しんぎょう》さだまるをいふなり」といい、また「この信心の人を真の仏弟子といへり。この人を正念に住する人とす」などともいうように、それは真実信心を意味するものであります。かくして親鸞は、ここでは称名とは正業、正業は念仏、念仏は南無阿弥陀仏、南無阿弥陀仏は正念であるといって、その称名念仏行を、最終的には信心だというわけです。

そこで、ここで親鸞が明かそうとした内実は、私の修すべき真実の行とは称名念仏であるけれども、それは経典にかえせば聞名ということであり、私の称名が、仏の称名、仏の呼び声として私に聞えてこなければ、まことの称名とはいいえない。しかもまたそのことは、それが私に聞えたということは信心にほかならないわけです。だからこそ、まことの称名とは信心であるといって、最後に称名念仏を信心におさめているわけです。

3　真宗における仏道

かくして、真宗における仏道とは、私が日々に称名念仏しながらも、それにおいて、称える側の私の我執《がしゅう》、無明《むみょう》の心が、少しずつ捨てられていくことを通して、その称名が私の称名ではなくて、諸仏の称名、さらにはまた、阿弥陀仏の称名であると思いあたり、そのように聞こえるようになることが肝要です。すなわち、私から仏に向う私の称名が、そっくりそのまま、仏から私へ向う仏の称名、阿弥陀仏の私に対する呼び声と聞こえてくるということであります。

そしてその聞名とは、阿弥陀仏の第十八願成就文において、『無量寿経』では、

あらゆる衆生、その名号を聞いて信心歓喜せんこと乃至《ないし》一念《いちねん》せん。（中略）彼の国に生れんと願ずれば、即ち往生をえて不退転に住せん。

と明かし、また『如来会』では、

他方仏国所有の有情、無量寿如来の名号を聞いて、よく一念の浄信を発して歓喜せん。（中略）無量寿国に生れんと願ぜば、願いに随《したが》いて皆生まれて不退転乃至《ないし》無上正等菩提をえん。

と説くように、その称名にもとづいて、そこに阿弥陀仏の名号、その呼び声を聞くならば、

すなわち、信心歓喜し、ないしは一念の浄信を発して歓喜することとなり、それにおいて、即得往生をえて不退転地に住することとなるというわけです。すなわち、その名号を聞くという聞名とは、親鸞が、その聞名の「聞」について註解して、

聞といふは、如来のちかひの御《み》なを信ずとまふすなり。（『尊号真像銘文』）

きくといふは、本願をききてうたがふこころなきを聞といふなり。またきくといふは、信心をあらわす御《み》のりなり。（『一念多念文意』）

聞はきくといふ、信心をあらわす御《み》のりなり。（『唯信鈔文意』）

と明かすように、そのまことの聞名とは、そのまま信心体験を意味するわけです。すなわち、阿弥陀仏とのまさしき出遇いが、ここにおいて成立することとなるわけであります。

かくして、上来あれこれと申したところの、どうしたら仏に出遇えるかという問いに対しては、仏壇を中心として、その日々において礼拝、称名、憶念の三業を奉行し、それを生活習慣行として相続し、徹底していくこと、ことにはその日々において称名念仏を申して生きるということにおいて、次第にその称名をしている私自身の我執性、無明性が少しずつすたれていくことを通して、そこに阿弥陀仏の呼び声が聞こえてくる。そういう私の称名が、そのまま阿弥陀仏の称名、呼び声として、確かに思いあたり、そのように聞こえてくるようになったとき、そこにこそ、仏との出遇いが成立し、まことの信心体験がひら

けてくることとなるわけであります。

すなわち、私の仏道の営みにおいて、称名と聞名と信心が、そのまま即一して成立してくるということであります。親鸞が、

真実の信心は必ず名号を具す、名号は必ずしも願力の信心を具せず。（「信文類」）

と語って、まことの信心には、つねに必ず称名がともなうと明かし、また、

信の一念、行の一念、ふたつなれども、信をはなれたる行もなし、行の一念をはなれたる信の一念もなし。（中略）信と行とふたつときけども、行をひとこゑするときききてうたがはねば、行をはなれたる信はなしとききて候。又信はなれたる行なしとおぼしめすべし。（『末灯鈔』）

と説いて、信心を離れた称名もなく、また称名を離れた信心もないと教示しているのは、まさしくそのことを意味するものです。かくして、真宗の仏道においては、究極的には、称名と聞名と信心は即一するものであったわけであります。

妙好人の浅原才市が、

名号をわしが称えるじゃない。わしにひびいて南無阿弥陀仏。
如来さんはどこにおる。如来さんはここにおる。才市が心にみちみちて、南無阿弥陀仏を申しておるよ。

才市よい。へ。いま念仏を称えたは誰か。へ、才市であります。そうではあるまへ、親さまの直説《じきせつ》であります。機法一体であります。
南無阿弥陀仏、親の呼び声、子の返事。
と詠《うた》っているとおりであります。

4　本願寺の伝統教学の誤解

しかしながら、ことに西本願寺教団の伝統教学では、その真宗における行とは称名念仏行とは捉えないで、名号そのものであるといいます。そのことは、すでに上において見たように、かつて本願寺教団を創設した覚如が、証空の西山教学を摂取したことにはじまるものです。

西山教学では、南無阿弥陀仏なる名号とは、すでに十劫の昔に、往生正覚一体として成就されたものであって、それは仏体即行として、名体不二なる働きをもっているというわけですが、覚如、そして蓮如は、この西山教学を継承して、名号そのものが、衆生往生の正因であると主張しています。

かくして阿弥陀仏を信心するとは、その仏体に帰属し、帰順することを意味し、またその名号を領納することだというわけです。ことに西本願寺教団では、近世の末に惹起した三業惑乱《さんごうわくらん》事件の結果、大瀛《だいえい》（一七六〇〜一八〇四）によって、真宗信心とは、名号なる仏の印判が、衆生の心中に捺印《なついん》され、印現《いんげん》されることであると解釈したことから、いっそうこの名号大行説が強く主張されることとなりました。

たとえば、現代の代表的な真宗学者の大江淳誠《じゅんじょう》（一八九二〜一九八五）の『教行信証体系』によると、真宗信心とは、ひとえに法体大行なる名号が、人間の心中に「印現」したものであって、それは名号についての「頂きぶり」「仰ぎぶり」を意味するといい、また普賢大円の『真宗概論』によると、真宗信心とは、「左文字の印形が、右文字としてそのまま紙上にうつる如く、仏の呼び声の通りに心に印現せるもの」だといいます。

まことに観念的な教義解説というほかはありませんが、そこでは、すでに上において見たような、〈初期無量寿経〉以来、一貫して教説されてきた聞名思想も、龍樹浄土教によって開顕された三業奉行なる易行の仏道も、そしてまた、法然門下における混乱を通して明らかにされたところの、親鸞における聞名往生の仏道についても、何ら領解、伝統されてはおりません。

しかし、大谷派では、近世教学においては、ことに存覚の教学を重視して、その行を称名行として捉えて、称名念仏を強調してきましたので、今日でも行を称名と理解する立場があります。たとえば、金子大栄は、その『教行信証講読』（「信巻」）によりますと、「念仏せざるものは浄土教徒とはいはれぬであろう。生活が知識に先だつが如く、念仏は信心に先だつのである」と主張しております。

ただし、同じ大谷派でも、稲葉秀賢は、その『教行信証の諸問題』『真宗教学の諸問題』によりますと、「信はそのまま如来の願心が機に印現したもの」といい、また「名号が何等かの形において受容される仕方が信心に外ならない」と語って、ここでは西本願寺教学の印現説が受容されており、注意されるところです。

ともあれ問題は、今日における東西本願寺の伝統教学が、いまもって西山浄土宗の名体不二論を踏襲して、原典としての〈無量寿経〉が教説するところの、聞名不退、聞名往生の行道を無視しているということです。

かつて龍谷大学の真宗学教授が、大学の講義で、この名体不二論を説明するについて、ボードに「火」という字を書いて、それに手をかざしながら、「諸君、私はいっこうに熱くない。それはこの「火」という言葉が名体各別だからである。世間の言葉はすべてそうであるが、ただひとつ南無阿弥陀仏という名号はそうではない。この言葉そのものに、すでに私たち衆生を救う仏の働きがこもっている。だからこの名号は、名と体、その名称とその実体、ものがらが、不二、一体なのである」といっておりましたが、私はそれを聞きながら、これでは真宗信心は呪術信仰ではないかと思ったことがあります。しかしながら、いまでも地方の現場では、そんなことが語られているのではありませんか。まことにお粗末な真宗理解というほかはありません。

何ゆえに、本願寺教団の伝統的な真宗教学は、そのような非親鸞的な誤解を重ねてきたのでしょうか。それは近世、近代の教学研究の営みのなかで、親鸞における真宗教学と、その後の覚如、存覚、蓮如の教義解釈が相違していることに気づき、そのことを問題にした教学者を、教団権力が、ことごとく弾圧し排除していったからです。

かくして、このような非親鸞的な誤まった覚如、存覚、蓮如の教学を、真宗正統の教学として、まことの親鸞の真宗領解を否定しつづけてきたところ、親鸞によって開顕された〈無量寿経〉における聞名往生の仏道、さらにはまた、称名、聞名、信心、その即一の仏道は、何ら注目されることもなく全面的に否定されて、もっぱら誤った教学、仏道が、今日に至るまで伝承されてきているわけです。

第五章　「めざめ」体験を信心という

一　二元的対象的な信

1　一般社会における信

本章では、親鸞によって開顕されたところの、浄土真宗の信心について説明いたします。まず、その本論に入る前に、一般的、社会的な意味での「信じる」ということについて申したいと思います。宗教的な意味でなしに、私たちの日常生活の中でも、信じるということをいいます。

日本語は非常に曖昧《あいまい》ですので、信じるという言葉は、人間関係の中で、夫が妻を、妻が夫を信じるというときにも使いますし、あるいは阿弥陀仏を信じるというときにも使います。信じるとは非常に幅がある言葉になっています。ところが外国の言葉、英語あたりでは、人間関係でいう場合の信じると、宗教的にいう場合の信じるという言葉は、一応分かれています。だから混乱がないのですが、どうも日本語は曖昧なところがあります。

ですから、人間が人間を信じることと、人間が仏を信じるということとの違いが明確化されないままに、仏法が語られています。それについて正しく説明する人があまりいません。その相違が分からないままに、いくら仏法を聞いても、まことの信心をえられるはずはありません。そこでまず、そのことから少し話を詰めてまいります。

一般社会の中で語られる信というのは、二字熟語にすると「信用」「信頼」と申します。仏を信じる場合は、信用する、信頼するなどとはいいません。「信心」すると申します。二字熟語にすると日本語でもはっきり分かれます。この信用、信頼は、人間関係の中で信じ合うことをいうわけです。

この場合の信じるということの構造について考えてみますと、ここでいう信とは、つねに信じる主体と信じられる対象、客体の、主と客の二元的な関係における対象的な信で、しかもそこでは、何らかの確かな証拠、合理的、客観的な、信じるに足る根拠が必要です。その証拠、根拠なくしては信用、信頼はできません。夫婦や友人の間において信頼が成立するのは、長い年月をかけての、その生活態度の積み重ねにおいて、お互いにさまざまな証拠をきちんともっているからこそ、お互いに信じ合うことができるわけで、いまはじめて電車の中で出会った人は、証拠がないかぎり信用できないのです。

だから信じるということは、いろいろな証拠にもとづいて、しかもそれをめぐる自分自身の判断によって、これは間違いないことだと信じる、ということです。しかし、この場合の信用、信頼には、どこかやはり若干の不安が残ります。自分が信じるものは絶対間違いないといいますが、それでも時には自分の判断が誤って、ひょっとしたらひょっとするわけです。

たとえば、飛行機があれだけ毎日飛んでいてもほとんど事故はない。けれども、時たまに恐ろしい事故が起きます。やはり何があるか分からない。自分自身についてもそうです。私もいろいろな病気を抱えていますが、いつ、何が、どう起きてくるか分からない。これが世間でいう信用、信頼の実態です。どこかでは信じるといいながらも、何かの疑い、不安が残っている。ひょっとしたらひょっとするという疑いがあるのです。

それは、疑いがともなう確率の問題です。確率というのはパーセント、割合の問題です。たとえば、身近な人がお腹が痛いというので救急車で病院へ運ばれた。調べてもらったら盲腸だという。すると、盲腸ならほとんど心配しなくてもいいから、お見舞いに行かなくてもいいだろうということになりましょう。しかし、世の中には盲腸で死んだ人だっているのです。あるいは逆に救急車であの人が運ばれた。肝臓癌《がん》がだいぶ進んでいたらしいという。すると、これはかなり心配だということになります。しかし肝臓癌でも治る人もいるわけでしょう。これは確率、パーセントの問題です。

これが世間一般で語られるところの、人間関係の中における信用、信頼ということの内実です。だから、それは直接的には人間の生きざまには関係ないわけです。ただ日常生活の人間関係の中での話です。ところが、これが阿弥陀仏や本願を信じるという話になりますと話が違います。真宗の教えを学ぶについては、ここのところを、きちんと理解することが肝要です。

2　一般宗教における信

次に一般の宗教における信について説明いたします。仏教における信についてはあとで申します。一般の宗教では信じることを「信仰《しんこう》」と申します。神様を信じるというときに信仰といいます。この言葉はもともとはキリスト教が語る言葉です。日本にキリスト教が入ってきたのは、奈良時代に少し入ってきたのを別にしますと、織田信長（一五三四～一五八二）の時代です。いわゆるキリシタン、バテレンなどといわれた時代、あのころのキリスト教の文書を見ますと、神を信心するとも、発心《ほっしん》するとも申しています。

そして、江戸時代にはキリスト教を禁制しますが、明治時代になって再び日本に進入してきます。その時に、アメリカから来たキリスト教の牧師たちが、バイブル、『聖書』を日本語に翻訳するなかで、いろいろと新しくキリスト教用語を作っていきます。その中で、神を信じるということを、今までは信心などといっていたけれども、どうも仏教用語でよくないということで、新しく作ったのが「信仰」という言葉です。真宗の僧侶がよく信仰という言葉を使いますが、これはキリスト教の言葉です。

もちろん非常に古い時代、平安時代には、古語として信仰という言葉がありましたが、それは今日的な意味とは少し違います。尊敬し、信用するというような非常に軽い意味です。親鸞の時代にもありましたが、親鸞は一度も信仰という言葉を使ってはいません。キリスト教の神様は天にまします神です。だから神を信じるというのは仰ぐことなのです。もともと「仰」という文字は、中国の古代文字からすると、高いところに人（⼈）がいて、低いところにもう一人（卩）いる。その下の者が上を見上げる。つまり人が高い所と低い所にいる関係を仰ぐといったのです。だから、天にまします神を下にいる者が仰ぐことを、信仰というわけです。

しかし、浄土真宗では阿弥陀如来を信仰するということは成りたちません。如来の如というのは真（まこと）、真如《しんにょ》です。その真如、まことが私のところに来てくださっている。だからそれを「如来」というわけです。親鸞は「一切群生海の心《しん》」（『唯信鈔文意』）に来ているといいます。如来は、私たち一人ひとりの「いのち」にまで来ているのです。それを信じるのになぜ仰ぐというのか。それでは行き違いになります。そんな言葉を、親鸞が使うはずがない。真宗の僧侶で信仰という人がいますが、この言葉遣いが分かっていないのです。真宗の法座でキリスト教の布教をしている。悲しいことです。だから、真宗の話が人々の心に徹底しないのです。

これは、日本の神道でも通ります。日本の神、氏神《うじがみ》の「神」とは上（カミ）のことです。これは本居宣長《もとおりのりなが》（一七三〇〜一八〇一）や新井白石《あらいはくせき》（一六五七〜一七二五）など、いろいろな江戸時代の学者がそういうことをいっています。上というのは先祖という意味です。だから、神様の下にいるものを氏子《うじこ》という。子孫のことです。ですから、上と下というのは、先祖か子孫かということですが、空間的にいうならば、やはり上でしょう。あるいは日本の神は高天原《たかまがはら》から降りてきたという。だからこれは日本の神道ならまだ信仰といってもいいでしょう。

ところが浄土真宗で如来を信仰するというのは、少し文字を理解する人ならおかしいと気づくでしょう。ところで、この信仰もまた、世俗の信頼、信用と同じように、信じる私と信じられる神との、主客二元的、対象的な関係における信です。ただ信頼、信用と違うのは、そこには何の証拠もないということです。神を信仰するについては、神が確かに存在するか、しないか、何らの証拠もありません。それについては、ないという証拠もありませんし、あるという証拠もありません。

神の存在は、私たち人間の、いっさいの知性、判断を超えたものなのです。したがって、信仰の反対は、自己の知性によって抵抗することで、それを疑うといいます。だから神を信じる、仰ぐというのは、自分の知性を放棄する、捨てるということです。理屈を超えて神を信じないかぎり、神は納得できないのです。ひょっとしたらひょっとするような話とは違うのです。

キリスト教では、神がこの地球を創った。人間も創り給うた。そしてこの世の出来事は、すべて神の御心《みこころ》によって成りたっているのだと教えます。だから私がいまここに存在しているのも、まったく神の御心によるものだというような、キリスト教の教えをそのまま受けとるためには、合理的なものの考え方をまったく放棄しなければ成りたたないのです。これが信仰ということの意味です。まったく理屈抜きにいちずに仰いで信じるほかはないのです。

これについては有名な言葉があります。「不合理なるが故に我信ず」（テルトゥリアヌス）という教言です。どう考えても理屈に合わない、不合理だけれども、しかし、その理屈を捨てて神ましますと信じなければならない。知性を放棄しなければ神は信じられない、という論理、教えです。また「信仰とは賭《かけ》である」ともいわれます。これはフランスの有名な物理学者のパスカル（一六二三〜一六六二）の言葉です。彼は神学者でもあったので、こういう言葉を残しています。

二　一元的主体的な信

1　仏教における信

そこで次に、仏教における信について申します。仏教における信とは、ふつうに「信心」といいます。そこでその信心とはどういうものなのか。これもいろいろなことを説明しなければなりませんが、結論だけを申します。

真宗において大切にされている七高僧の中に、天親菩薩という方がおられます。この方はいまから一六〇〇年前、現在のパキスタンのペシャワールにでられて、浄土念仏の教えを伝えてくださった方であります。この方が若いときに書かれた本に『阿毘達磨倶舎論《あびだつまくしゃろん》』というものがあります。そこにこう書いてあります。

信心とは心の浄《きよ》らかさである。他の人々はいう。四つの真理と、三つの宝と、行為とその果報との因果関係とに対する確信であると。

この文章の意味はこういうことです。仏教において語られる信心については、二種類の信心があるというわけです。そこでその第一の意味の信心は、信じるということは心が浄らかになることだというわけです。そして「他の人々はいう」とは、第二の意味の信心とは、ということです。

第二の意味の信心については、「四つの真理」とは、釈尊が最初に説かれたところの、人生における四つの道理、四諦《したい》の教えのことです。また「三つの宝」とは、仏・法・僧、すなわち、釈尊と、その教法と、それを今日まで伝えてきた教団の三種をいいます。そして「行為とその果報との因果関係」とは、私たちの行為にかかわる因果の道理のことをいいます。すなわち、この第二の意味の信心とは、釈尊とその教えに対して、深く信認し、確信するということです。

仏教において語られる信心については、こういう心が浄らかになるという一元的主体的な信心と、釈尊とその教えに対する二元的対象的な信心の二種類の信心があるということです。そこで私は、そのことについて分かりやすく説明するために、仏教が語る信心には、仏法に入門するための信としての「能入位の信心」（スタートの信心）と、その仏法を確かに領解した「能度位の信心」（ゴールの信心）の、二種類があると申しております。

2　能入位の信心と能度位の信心

第二の意味の釈尊とその教えを信ずるという信心を、仏道の出発点、スタートを意味するところから、能入位の信心といいます。仏法へ入るのには、まず、そういう信心が必要であるということです。

皆さんが仏法にご縁をいただかれて、いろいろと聞法されるようになったのは、誰かに導かれて仏法との縁が生まれたからでしょう。仏法、真宗の教えを聞くことは大切なことだ、これをしっかり学ばなければならない。そういう思いがあればこそ、仏教徒になられ、念仏者になられたのでしょう。そういう仏道への入り口があったはずです。それは親であったり、あるいは先生であったり、そのほか誰かを通して仏教の教えを聞いて、「まことそうだ、これはしっかりと聞法しないといけない」と思われた。こういう確信があったはずです。

これが第二の意味の能入位の信心、仏道に入るための契機となるところの信心です。それは教えに対する、二元的対象的な心的態度です。仏法という教えに対して、それを学ぼうという心構えのことです。これを能入位の信心といいます。これはまだまことの信心ではありません。

それに対して、第一の意味の信とは能度位の信心のことです。そしてそのことは、私の心が浄らかに澄《す》んでくるということですが、心を澄ますことによって、いままで見えなかったものが、新しく見えてくるという心の状態をいいます。真宗では、そういう一元的主体的な心の状態を、まことの意味で信心というわけです。

たとえていえば、それがただちに信心と同じだというわけではありませんが、親のご恩がしみじみと分かるということに重なる境地、世界です。この分かるということは、また親を信じるともいいうるかもしれませんが、そのことは対象的に親心を信じるということではありません。多くは親が死んでから、親の姿が見えなくなってから、親心、親の愛情がしみじみと分かるものです。どうして分かるのか。それは自分で自分が分かるから分かるのです。

親の写真を見ていたら、親のご恩ありがたしと分かるのではないのです。自分はここまで人生のさまざまな山坂を越えて生きてきたが、これは私が一人で生きてきたのではない、いろいろと親の大きな生命があり、その願いがあってこそ、それに生かされて生きてきたのだと、自分自身が分かることとひとつになって分かってくるのです。そういう状態を親の恩が分かったというわけでしょう。

しかもそのことは、日ごろにおいて、親の恩は山よりも高く、海よりも深いなどと聞いていた話が、自分の人生の中での何かの縁を通して、自分の心の深い底にストンと落ちて、親の恩とはこういうことをいうのだなと、深く思いあたる、眼《め》が「さめる」ということで、分かってくるわけでしょう。いま第一の意味の能度位の信心とは、心が浄らかに澄んで、いままで見えなかったものが、はっきりと見えてくる、分かってくるということだと申したのは、そういう心の状態をいうわけです。

そのことは、私が何かに対して、二元的、対象的に信じるということではありません。私が自分の心を育てることによって、その心の深いところにおいて、まったく新しく見えてくる、気づいてくるという、一元的、主体的な「めざめ」体験のことです。こういう「めざめ」体験を、仏教がめざすところのゴールの信心、能度位の信心といいます。だから、仏教における信心とは、キリスト教が語るところの賭《かけ》の信仰とは、まったくその内実が違います。その点、よくよく承知してください。

3　「めざめ」体験としての信心

仏教で説くところのまことの信心とは、心が澄んで新しくものが見えてくるということ、そういう「めざめ」体験の境地をいうわけです。だから仏教においては、誰かの話を聞いたり、誰かの書物を読んで、仏法を学ぼうと思いたつときの心の態度を、仏法の世界に入るという意味で信心といいますが、それはまだ能入位の信心、仏法のスタート、入口としての信心であって、いまだまことの意味での信心ではありません。

そういう能入位の信にもとづき、いっそう仏法を学ぶことを通して、やがて新しく自分の心の底において納得できること、新しく心の眼が開けてくる境地、そういう心の状態が、仏教がめざすところのまことの信心といわれるもので、そのことは仏道の一応のゴール、その成就、完結を意味するところから、能度位の信心と申したわけで、能度位とは仏の救いの成立を意味します。

だから仏教における信心とは、二元的に信じるものと信じられるものとの関係において、私がいろいろ思案し、判断しながら、これなら間違いなかろうと信じるような、そういう世間でいう信頼、信用でもなく、また、すべての知性、判断をやめて、その教えにすべてを賭けるというような、一般の宗教における不合理なる信仰でもありません。

かくして仏教においては、日々その教えを学び、その教えにもとづく行業を実践して、その行道、仏道を生きていくならば、やがて心が育てられ、我執の一部が破れて、確かなる「めざめ」体験、信心の境地がひらけてくるというわけであります。

4　『無量寿経』における信

真宗の教え、阿弥陀仏の教法は、『無量寿経』という経典において説かれておりますが、この『無量寿経』のもっとも中心となるものは、その阿弥陀仏の根本の誓願、本願を明かした第十八願文です。この第十八願文については、阿弥陀仏が直接に語りかけた言葉としての本願文と、それについて釈尊が説明した本願成就文とが説かれています。そしてそこには、いずれも信心が語られているのですが、その信心について、本願文では「信楽《しんぎょう》」と明かされ、本願成就文では「信心歓喜《しんじんかんぎ》」と説かれております。

ところで、この『無量寿経』は、もとの原典は、古いインドのサンスクリット語で書かれているわけですが、それを見ますと、この「信楽」も「信心歓喜」も、原語は同じで「チッタ　プラサーダ」とあります。そのチッタとは心を意味し、プラサーダとは、澄んで浄らかになるという意味と、喜びの心が生まれてくるという意味を表わします。上に申した仏教における信の第一の意味が、心が浄らかになることだというのは、この原語にもとづいていわれたわけです。そしてもうひとつ、それは喜びの心が生まれることだというので、ここでは「楽」といい、「歓喜」と訳されたわけです。

かくして、『無量寿経』の第十八願文で説かれる信心、真宗における本願の信心とは、その聞法と念仏の生活を通して、私の心を育てて、私の心が浄らかとなって、いままで見えなかったものが新しく見えてくる、眼が覚《さ》めてくるということと、その心がおだやかになって、喜びの思いが生まれてくることをいうわけです。このことを本願の信心、まことの真宗信心というのです。真宗の信心を学ぶについては、まずこのことを、しっかりと理解していただきたいと思います。

三　親鸞における信心

1　疑蓋無雑の心

次に、親鸞の教示に従って、そのことをより詳しく説明いたします。親鸞の信心に対する領解は、その著書の『教行証文類』の「信文類」において、まことに詳しく明かされております。

親鸞はそこで、真宗におけるまことの信心、上に申したところの第一の意味での能度位の信心、本願の信心について説明するのに、くり返して「疑《ぎ》蓋《がい》無《む》雑《ぞう》の心」だといいます。親鸞は、少年時代から比叡山において天台宗の教学を学んだと伝えられていますが、そのころに学んだであろう仏教入門書に『法界次第初門《ほっかいしだいしょもん》』というものがあり、この言葉は、その中に見られるものです。この書の文章はそのほかのところにも引用していますから、よくよく学んだものと思われます。

この疑蓋の蓋というのは蓋《ふた》のことです。上から覆《おお》いをかけるのを蓋といいます。いまはわたしの我執、無明《むみょう》にもとづいて心の覆いをかけることを疑蓋といいます。そして無雑とは交わらないということです。

だから信心というのは、蓋がないこと、蓋でおおわれないことです。我執、無明の一部が捨てられて、仏法が教えるところの諸行《しょぎょう》無常《むじょう》、諸法無我《しょほうむが》の道理、すなわち、咲いた花は散っていく、生まれたものは死んでいく、そしてまた、世の中の存在は、すべてが縁によって成りたつもので、縁がなくなれば消滅していく、そういう世界の道理を素直に認めることです。

真宗の教えにもっとも近く引きよせていうならば、私の本性は地獄の生命をいまここに生きていることであり、その私のためにこそ、阿弥陀仏の大悲が、私に向って絶えることなくして到来しつづけているという、人間存在をめぐる根本の道理を素直に認めること、それを疑蓋無雑というわけです。

しかしながら、私たちは、そのような道理については、なかなか認めることができません。頭では理解していても、ほんとうには分かってはいません。それは私の心の底に、何事についても我執、我欲なる暗黒の心、無明の心を宿しているからです。

いま、親鸞が教える真宗信心とは、疑蓋無雑の心、疑いの蓋がなくなったことだというのは、仏法が教えるところの、諸行無常、諸法無我の道理、真宗の教えのところでいうならば、人間存在がまったく地獄の生命を生きつつあり、しかもまた、その私のためにこそ阿弥陀仏の大悲が働きかけて、その仏の生命が私の生命の中に来たりとどいているという道理を学んで、それを少しずつわが身にかけて分かっていく、それについて「めざめ」ていくことをいうわけです。

もとより、私たちは暗黒、無明の世界である地獄から、縁あって這《は》いあがってきたものです。したがってその我執、無明のすべてを破り、滅することはできません。ただ念仏を申して生き、まことの信心を育てていくならば、その無明のわずか一分でも破り、転じていくことができると教えられるのです。

2　信心とは智慧をうること

親鸞は『尊号真像銘文』に、

信心をえたる人おば、無碍光仏の心光《しんこう》つねにてらし、まもりたまふゆへに、無明のやみはれ、生死のながきよ、すでにあかつきになりぬとしるべしと也。

と明かして、信心をうるならば「無明のやみはれる」といい、また『弥陀如来名号徳』に、

念仏を信ずるは、すなわちすでに智慧《ちえ》をえて、仏になるべきみとなるは、これを愚痴《ぐち》をはなるることとしるべきなり。

と語って、信心をうるならば「愚痴をはなる」といいます。そしてまた、私たちはいつも『正信偈和讃』において、「光触《こうそく》かふるものはみな　有無《うむ》をはなるとのべたまふ」と唱えておりますが、これも同じ意味を明かしたものです。教えを学んで信心をひらいたものは、無明、愚痴を離れ、有と無、生と死とを超えて、生きる道がひらけてくるというのです。信心をひらくとは、ほんのわずかであっても、「無明の心」を破り、「愚痴の心」「有無の心」を転じていくことだと教えられています。

親鸞はまた、この真宗における信心を明かすについて、「信心の智慧」（『正像末和讃』）といい、また「智慧の信心」（『唯信鈔文意』）ともいいます。ここでいう智慧とは仏の智慧のことで、仏の「さとり」を意味します。そして親鸞はまた、『正像末和讃』において、

信じる心のいでくるは智慧のおこるとしるべし。

とも申しています。私において信心が生まれてくるのは、わずかであるけれども、私における我執、無明の心が破れて、仏の智慧、その「さとり」の智慧がひらかれてくることで

あるというのです。親鸞は、その『教行証文類』の「真仏土文類」では、信心をうるということは、「少分《しょうぶん》の仏性《ぶっしょう》を見る」こと、少しだけ仏の「さとり」をうることであると明かしております。

かくして親鸞においては、その真実信心、その能度位なる信心とは、疑蓋無雑として、仏法、そして真宗が教えるところの道理について、わずかであっても眼を見ひらいていくこと、仏の智慧を身にうることであり、そのことはさらにいうならば、「無明のやみはれ」「愚痴をはなる」「有無をはなる」ことだといい、また、「少分」ながらも、仏性をひらいて仏の「さとり」を身にうる、ということを意味するものでありました。

3 正定聚・不退転地の意味

ところで親鸞は、真実信心を開発するならば、ただちに正定聚、不退転地《ふたいてんじ》をうると申しております。この正定聚、不退転地とは、大乗仏教における菩薩道の階位でいえば、五十二段階中の四十一位に当るわけで、それはすでに、一定までの仏の「さとり」を身にうることを意味するわけです。

もともとこの正定聚とは、第十一願文によっていえば、「国の中の人天、定聚に住せずば」とあって、阿弥陀仏の浄土においてうる利益であり、またその不退転も、第十八願成就文によっていえば、「即ち往生をえて不退転に住す」とあって、同じく阿弥陀仏の浄土の利益を意味するものでありました。法然も、

浄土とは、まづこの娑婆穢悪のさかひをいで、かの安楽不退のくにゝむまれて、自然に増進して、仏道を証得せむともとむる道也。（『法然上人説法』）

と明かすように、浄土とは「不退のくに」であって、浄土に往生するならば、正定聚、不退転地の利益をうることができると理解しているわけです。

それに対して、親鸞は、信心を開発するならば、この現身において、すでに正定聚、不退転地をうることができると主張したわけです。そのことについては、すでに見たように、インドの龍樹の浄土教思想に、そのような理解が見られるところであり、日本の浄土教においては、源信の『阿弥陀経略記』や法然の『阿弥陀経釈』に、この不退転地の益を現身において捉える理解がいささかながらも見られる程度でありますが、親鸞はまことに明確に、そのことが信心における現生の利益であると領解し、主張したわけです。

親鸞は、いかなる根拠、理由によって、そのように語ったのでしょうか。それについては、伝統教学は何も語りませんが、上に申したところの、信心とは「疑蓋無雑」の心のことだと明かしている『法界次第初門』によりますと、この疑蓋を断滅して信心を開発することは、初地、正定聚、不退転地の段階においてこそ、よく成立するものであると明かし

ております。親鸞は、この『法界次第初門』に説くところに従って、信心を疑蓋無雑の心と捉えるところ、その必然として、そのように領解したものと思われます。なおそのことはまた、龍樹の『十住毘婆沙論』においても語られるところであって、その文章は、親鸞が「行文類」に引用しております。

すでに見たように、親鸞が、この信心の開発に即して、

無明のやみはれ、生死のながきよ、すでにあかつきになりぬ。（『尊号真像銘文』）

といい、また、

念仏を信ずるは、すなわちすでに智慧をえて、仏になるべきみとなるは、これを愚痴をはなるることとしるべきなり。（『弥陀如来名号徳』）

と明かし、さらにまた、信心をうるということは、

少分《しょうぶん》の仏性《ぶっしょう》を見る。（「真仏土文類」）

といって、少分の仏の「さとり」を身にうることであると明かすのは、いずれもこの真宗における信心が、菩薩道における初地、不退転地を証するということを、よく物語るものでありましょう。

親鸞が、その『一念多念文意』において、正定聚を説明するについて、

かならず仏に成るべき身と成れるとなり。

と語り、またその不退転を説明するについて、

仏に成るべき身と成るとなり。

と説くものも、信心を開発するならば、正定聚、不退転地に住して、一分ながらも仏の「さとり」をひらき、人間的な成熟、成長をとげていくということを明かすものです。

しかしながら、親鸞の没後、存覚は『浄土真要鈔《じょうどしんようしょう》』において、また蓮如はその『蓮如上人御一代記聞書』において、この正定聚、不退転地とは「密益《みつやく》」であると語るところから、伝統教学では、信心における正定聚、不退転地の利益とは、何ら具体的に機相《きそう》、現実の生活にあらわれるものではなくて、たんなる法徳、価値について明かしたものにすぎないと申しております。

すでに見たように、「無明のやみがはれ」「生死のながきよ」が「すでにあかつきに」なったこと、また「愚痴をはなる」「有無をはなる」こと、そしてまた、「少分の仏性を見る」ことが、たんなる密益で、機相、生活には何らあらわれるものではないとは、いったいいかなる視座からそういいうるのでしょうか。まことに無知にして観念的な理解というほかはありません。まして親鸞は、密益というような言葉はどこにも用いてはおりません。存覚や蓮如の、まったくの恣意的な解釈でしかありません。

もともと正定聚、不退転地とは、大乗仏教の菩薩道の五十二位の階位の中の四十一位を

いうわけであって、それが密益で何ら機相にあらわれるものではないというならば、どうしてそういう詳細な階位の区別が生まれ、語られうるでしょうか。ましてこの初地、不退転地に至ると、新しく歓喜の心が生まれてくるところから歓喜地ともいわれることは、この大乗菩薩道思想の常識でありますが、そのことまでも否定するのでしょうか。

そしてまた、親鸞が、伝統的には浄土の利益として説かれていたものを、あえてこの現生における現実の信心の利益として領解したのを、何ゆえにまた、そうまでいって、その現実性を否定し、観念の世界に引きもどすのでしょうか。存覚、蓮如の誤解は当然としても、伝統教学までが、なおそう主張するとすれば、そのことは、仏教教理に対する無知と、親鸞における領解の否定を表明する以外の何ものでもないでしょう。

もしも伝統教学が、なおそのことに固執するならば、真宗において信心を開発することは、その人の人生にとって、いったい何の意味があるというのでしょうか。信心を獲得しても、それは密益であって、そのことは、その人の人生生活には何らの影響をもたらすことはないとするならば、伝統教学は、現代の人々に向って、いったい何の目的をもって真宗信心を語ろうとしているのでしょうか。

現代人は、さまざまな人生における苦悩と障碍をかかえて煩悶《はんもん》し、その解決を願い求めているわけでありましょう。しかし、真宗信心とは、そういう人生の苦悩、煩悶には、何らの関係もないというのでしょうか。これでは、現代の人々は真宗の教えを学ぼうとはしないでしょう。真宗が衰退していくのは、まことに当然のことでもあります。

四　矛盾構造の信心

1　無明と明知の交錯

ところが、親鸞はまた、その真実信心をひらくならば、このように、すでに「無明のやみはれ」「愚痴をはなる」「有無をはなる」と明かしながらも、『正信念仏偈』には、

摂取の心光、つねに照護《しょうご》したまふ。すでによく無明の闇を破すといえども、貪愛瞋憎《とんないしんぞう》の雲霧、つねに真実信心の天に覆《おお》へり。

と明かしております。まことの信心をひらくならば、阿弥陀仏の光明に照護されて、よく無明、煩悩の闇を破ることができるけれども、なお貪愛瞋憎の無明、煩悩の黒雲が、つねにその真実信心を覆う日々が続くというのです。ここでは明らかに無明、煩悩を破りながらも、なおその日々の生活には、無明、煩悩がいっぱい残っているというわけです。

そのことについては、親鸞はまた、『一念多念文意』において、

凡夫《ぼんぶ》というは、無明煩悩われらがみにみちて、欲もおほく、いかりはらだち、そねみねたむこころおほくひまなくして、臨終の一念にいたるまで、とどまらず、きえず、たえずと、水火二河《すいかにが》のたとえにあらわれたり。

と語って、私たち凡夫というものは、その身に無明煩悩を多く宿しており、むさぼりの貪《とん》欲《よく》、いかりはらだちの瞋恚《しんに》の心は、休む間もなく狂いつづけて、私の臨終の一瞬に至るまで消えることも絶えることもないといいます。とすると、上に見たところの、信心をひらくならば無明の闇がはれ、愚痴《ぐち》の心を少しずつ離れることができるという文章とは、いったいどうかかわってくるのでしょうか。

親鸞は、信心において、無明、愚痴の煩悩を離れることができるといいながら、またこうして、私たち凡夫というものは、生きているかぎり、臨終の一瞬まで、無明にもとづく貪欲、瞋恚の心を抱きながら生きるほかはないというわけです。このことはまったく矛盾することでありますが、それが親鸞における現実の信心生活のいつわらざる姿、実相であったのでありましょう。

2　苦悩と歓喜の交錯

ところで、親鸞は、この真宗信心にかかわる歓喜《かんぎ》をめぐっても、同じような表現をしております。すでに見たように、信心については、本願文によると「信楽」と明かされ、また成就文では「信心歓喜」と説かれるように、心が澄んで、いままで見えなかったものが、少しずつ見えてくる、明らかになってくると同時に、新しく歓びの心が生まれてくるということであります。

そこでそれについて、七高僧の一人であるインドの龍樹が、『十住毘婆沙論』という書物の中で、その信心における歓びというものは、頭の髪毛の一本を百等分して、その一分の毛をもって大海の水を取るようなもので、その毛の先についている水滴ぐらいは苦悩が残るが、歓びの心は大海の水のほどであると明かしております。

親鸞は、『教行証文類』の「行文類」において、その龍樹の文章を二カ所にわたって引用しているのですが、気をつけて読んでみますと、一カ所では、訓点を逆に付して、信心においては、一分の毛の先についている水滴ぐらいの喜びが生まれて、あとの大海の水ほどの苦悩がまだ残っていると解しております。しかし、その後のもう一カ所の文章では、龍樹の意趣のとおりに訓点を付しているわけです。

親鸞はここでも、真実信心を明かすについて、その信心が限りなく大きな歓喜の心を宿すものだと領解しながらも、また同時に、そこには何らの喜びも生まれず、その苦悩のほとんどが残って何ほどもなくならないと明かしているのです。そのことは、上に見たところの、その信心においては、無明、愚痴が破れるといいながらも、それは生命のあるかぎり、臨終の一念に至るまで消えないといったことに、まったく重なる領解、発想でありま す。

親鸞はまた、その歓喜の心をめぐっては、『一念多念文意』に、

歓喜は、うべきことをえてむずと、さきだちてかねてよろこぶこころなり。踊《ゆ》は天におどるといふ、躍《やく》は地におどるといふ、よろこぶこころのきわまりなきかたちなり。慶《きょう》楽《らく》するありさまをあらわすなり。慶はうべきことをえて、のちによろこぶこころなり。楽はたのしむこころなり、これは正定聚のくらゐをうるかたちをあらわすなり。

と明かして、信心における歓喜、慶楽について語り、その歓喜については、天におどり地におどるほどのことだと申しております。しかしまた親鸞は、その『歎異抄』によりますと、

よくよく案じみれば、天におどり地におどるほどによろこぶべきことを、よろこばぬにて、いよいよ往生は一定《いちじょう》とおもひたまふべきなり。よろこぶべきこころをおさへてよろこばせざるは煩悩の所為《しょい》なり。

と語ります。信心をうるならば、天におどり地におどるほどに喜ぶべきであるにもかかわらず、煩悩が深くて、いっこうに喜びが生まれてこないと告白しております。これもまた

同じような矛盾した表現であります。真宗信心においては、このように、無明と明知、苦悩と歓喜が、まったく矛盾対立するというわけですが、このことについては、いったいどのように領解すべきでありましょうか。

3　地獄一定と往生一定

もともと親鸞が教えるところの、真宗における信心体験とは、本来的にそういう矛盾の構造をもっているものであります。すなわち、真宗信心というものは、地獄から這《は》いあがったものとして、いまも地獄の生命を生きているこの私が、縁あって如来の生命に出遇い、いまはその生命に生かされて生きているということをいうわけです。

私が仏と出遇ったというのも、仏が向うからやってきて、私がこちらから進んでいって、向い合うという形で出遇ったのではありません。親鸞が、「もののにぐるをおわえとるなり」（『浄土和讃』左訓）というように、私はどこまでも仏から逃げているのです。そういう地獄の生命を生きる私を、阿弥陀仏がうしろから追いかけてきて、逃げる私を、とうとう羽交《はが》いじめに、抱きとってくださることによって出遇ったのです。

だからそれはまさしく、仏を私の背中において感じとるというような、逆《ぎゃく》対応《たいおう》的な出遇いなのです。それが地獄の生命を生きる私が、阿弥陀仏の生命に出遇うということの構図であり、それはまったく絶対矛盾的自己同一としての、私の心のもっとも深いところに成りたつ「めざめ」体験なのです。かくして、その信心とは、また一元的、主体的な「であい」体験ともいいうると思います。

ところで、この「めざめ」とは、いままでぐっすりと眠っていた、あるいは恐ろしい夢をみていたことから、眼が覚めて正気になるということでしょう。だから「めざめ」るということは、眼が覚める前の暗さと、「めざめ」たあとの明るさが同時に成立する、そのことを「めざめ」るというわけです。そのことはまた、親の恩を思うて「ああすまなかったな、悪かったな」と気づくことと、「ああありがたいな、よかったな」と思う心、この二つの心が同時に即一して成立するということでもありましょう。

そしてそのことはまた、仏の光明に照らされて知る私の罪業《ざいごう》の自覚《じかく》のことでもあります。光明に照らされたら必ず陰影が生まれてきます。光明と陰影とはまったく相い反するもので、論理的には、光明があるところには暗黒は存在しません。しかしながら、現実の状況においては、光が照らせば、必ず陰影が生まれてきます。それと同じように、仏の大悲の光明に照らされたら、私の罪業の陰影が明確に生まれてきます。しかもまた、その仏の大悲の光明をより強く厳しく受けるならば、それに比例して、私の罪業の陰影が、より黒々と顕わとなってまいります。

真宗における信心が「めざめ」体験であり、「であい」体験であるとは、まさしくそういうことであって、その信心において、阿弥陀仏の大悲の光明を仰げば仰ぐほど、その足下に生まれてくる私の罪業の陰影は、いよいよ暗黒性を増してくることとなり、また自分がその足下の罪業の陰影の暗黒性に気づけば気づくほど、自分の身に届くところの如来の大悲の光明は、いよいよ照明性を増してきます。真実信心においては、その仏の光明の照明性と私の罪業の暗黒性は、まったく絶対矛盾的自己同一として、即一して成立し、自覚されてくるものです。

そのことは、上に申したところの、信心をうるならば、「無明のやみはれ」て、「愚痴をはなる」「有無をはなる」ことができ、また「智慧」をえて、少分ながらも「仏性」、仏の「さとり」を聞くことができるといい、また大いなる歓喜の心が生まれてくるといいながらも、また同時に、信心をうるならば、その日々における自分自身の煩悩、罪業、そしてまた、その苦悩の姿が、いっそう厳しく自覚され懺悔《さんげ》されてくるということに、そのまま重なることであります。

親鸞が、その自己の信心の内実を表白して、「地獄は一定」（『歎異抄』）と懺悔し、また同時に、「往生は一定」（『末灯鈔』）と歓喜したのは、まさしくこのことを表白したものでありましょう。親鸞はまた、真宗の信心を明かすについて、それを「真心《しんしん》」「まことのこころ」と申しております。もともと私には真実なるものはまったくありません。にもかかわらず、信心とは真心、まことの心のことであるといいます。なぜ親鸞は、あえてそういうのでしょうか。それは真宗における信心というものは、真実なる仏の心にふれる体験、その真実に対する「であい」体験だからです。

私の心が不実の心、嘘の心であるといっても、私はいつもそうとは思ってはおりません。私が嘘の心をもっている、虚仮不実の心を抱いているということに気づくのは、真実に出遇えばこそです。私たちはいつも偽《にせ》ものの中にいて、嘘ばかりに出遇っているから、私の心やその身が嘘であることには気づきません。

私たちは、いつも他人については良いとか悪いとかいって批判し、私がいちばん正しいと思っています。お互いにそう思っているのは、真実に出遇っていないからです。嘘が嘘と分かるのは真実に出遇えばこそです。だからこそ親鸞は、自分の心について、「穢《え》悪《あく》汚《わ》染《ぜん》にして清浄の心なく、虚《こ》仮《け》諂《てん》偽《ぎ》にして真実の心なし」(「信文類」)といったのです。

このような自己の心、自分の生命が、虚仮にして清浄ではなく真実でないといったのは、親鸞が確かに真実に出遇っているからこそ、そういいえたのです。かくして親鸞が、真宗における信心とは「真心」であり、「まことのこころ」のことであるといったのは、その信心において、自分の心が、嘘の心、虚仮の心、不実の心と気づいたからこそそういいえたのです。そしてそのことに即して、またその信心を「真心」「まことのこころ」といったのです。そのことは、親鸞が、「地獄は一定」と懺悔しつつ、また同時に、「往生は一定」と歓喜しながら生きていったことに、そっくり重なる思いでもありましょう。

4　仏に遇うとは嘘に遇うこと

かって若いときに、そういうことをある法話集に書いて出版しましたら、大阪の柏原市というところの見知らぬ女性から手紙が来ました。「あなたの法話集を読んで、私は死んだお師匠さんにお会いできたように嬉しかった」という手紙でした。その手紙にはこう書いてありました。

私は若いときに、乳飲み子を抱えながら仏法を懸命に聞いた。そしていまはお念仏の日暮しを豊かにさせてもらっているのだけれど、若いときに私を導いてくださったお師匠さんがいる。そのお師匠さんがいつも若い私にいい聞かせてくださったことは、仏法を学ぶということ、仏に出遇うということは、嘘に遇うことだ。嘘に遇わなければ仏さまには遇えないぞ。人生は何ごとも嘘であるということに、どれだけ深く気が付くか。そのことを抜きにして真宗の聴聞はない。いつもいつも、そうおっしゃっていた。

しかし、そういう法話は、ほかの誰からも聞けませんでした。そこでそのお師匠さんが亡くなられるときに、「先生が亡くなったら私は誰について法義を聴聞したら良いですか」と聞いたら、「そのうち私と同じことをいう人がでてくるであろう、待っておりなさい」といわれたそうです。それからずいぶん経ったけれども、そう人には出遇えなかった。しかし、あなたのご法話を読んだらお師匠さんと同じことをおっしゃっている。お師匠さんの再来に会ったようにほんとうに嬉しかった。ついてはぜひいっぺん会いたいから来てくれといわれたのです。

それで地図をひろげて見たら大阪の南の方です。京都から二時間以上かかります。私は、ちょうどそのころは、大学でいろいろな仕事をかかえて忙しい最中でしたので、ありがたいけれども、まことに失礼ながら、またそのうちにご縁があったら、ぜひにお目にかかりましょうと返事をだした。そうしたら、そのご婦人が、あなたが来てくれないのなら私が行くといって京都までおいでになったのです。両手に杖をついて、くの字になって、二時間以上かかって来られた。一人では心配だといって妹さんが付いて私を訪ねてくださったのです。私は本当に恐縮しました。

そのときに、そのご婦人に、「あなたは良いお師匠さんに会われた。私はお師匠さんと似たようなことをいったかもしれないが、私こそあなたに教えられた。まさにそうだ。仏法を学ぶということは嘘に遇うことだ。いったいあなたのお師匠さんはどういう人か」と聞いたら、「田舎の鍛治屋《かじや》さんだ」ということでした。鎌を造ったり、鍬《くわ》を造っている村の鍛治屋さんです。そのお爺さんがお師匠さんだということでした。たいした人だと思いました。見事です。

仏に遇うためには嘘に遇うのです。私たちは仏に遇おうと思っても仏には遇えないのです。真実は限りなく遠いのです。しかし、嘘なら私の周《まわ》りにいっぱいある。ポケットにもハンドバッグにも入っている。それらをだせば嘘だということがいっぺんに分かるのです。しかしながら、私たちはこの嘘にどうして遇うかということです。だがその嘘が嘘だと分かるのは、やはり本当のもの、真実の光を浴びなければ分からないのです。そういう意味で、私たちが真実に出遇うということは、嘘に出遇うことであり、真実には裏返しで出遇うのです。仏から逃げながら「おわえとられて」、背中から逆対応的に出遇うのです。

五　新しい人格主体の確立

1　信心とは闘いに生きること

このように、真宗における信心とは、一元的、主体的な「めざめ」体験として、また

「であい」体験として、真実と虚妄、罪業と大悲、地獄と如来の、まったく矛盾対立するものが、同時に即一して成立するということですが、このことは、心理学的には、その精神生活の底辺のところでは、つねに厳しい矛盾、対立をもたらすものであって、信心に生きるということは、その矛盾、対立を抱きかかえながら、そのただ中において生きていくことであると思います。

私は日ごろ、信心に生きることは、仏に育てられた私と、生まれたままの地獄の生命を生きている私の、二人の私の、生涯をかけた闘《たたか》いに生きていくことだと思いとっております。私自身の現実生活は、その生まれたままの私が、またしては仏に育てられた私を打ち負かすことが多いという、まことにお粗末千万な生活ですが、少しずつでもその逆転を願って、今日も生きていることであります。

私の思うところでは、人間の精神生活においては、同類のものが集まって、上下の序列をつくって群《む》れて生きているかぎり、人格的には何らの意味もなく、むしろそういう状況が長く続くと、人格の成長どころか、その転落が生まれてくるものです。どれほど厳しくとも異質の中にあって、それに取りかこまれながら生きていくことにおいてこそ、人格というものは、古い皮を脱いで新しく育てられ、磨《みが》かれていくものです。昔の諺《ことわざ》に「可愛い子には旅をさせよ」という言葉があるとおりです。

私は幼くして生母に死別したことから、新しい母のもとで、子どものころからまったく異質の環境に取りかこまれ、孤立しながら、さまざまな苦悩を味わってきました。私の父はいつもいつも、「この世は客人として招かれてきたと思うて、一にも二にも遠慮して生きよ」といっていました。子どものころからそういって育てられました。そのことはとてもとても悲しくつらいことでしたが、いまとなっては、私はその異質とのかかわりにおいて多くのことを学び、また人間的にも、いささかでも育てられたように思います。

2　真珠の輝きに学ぶ

私はかって、若いころに、子どもといっしょに三重県の鳥羽《とば》にある真珠《しんじゅ》の養殖場を見学したことがあります。そこであの七色に輝く美しい真珠が、どうしてできるのかをはじめて知ることができました。

まず真珠の母貝であるアコヤ貝を育てて大きくなったとき、海から引きあげ、その貝の口を少しばかりこじ開けて、その中に小さな石粒を入れます。そしてその貝を籠に入れて再び海に沈めます。

貝というものは、外には堅い殻をもっておりますが、その内部は柔かい肉だけです。その肉の中に石粒を入れるのですから、貝にとってはたまりません。動くたびにとても痛いことだろうと思います。しかし貝にはそれを取りだす術《すべ》もなく、その石粒をおのれの肉の中に、じっと抱きしめて生きるほかはありません。貝はどんなに痛いことでしょう。

でもどれほど永く抱きしめていようとも、その石粒は血にも肉にもなりません。どこまでも異質なものです。にもかかわらず、貝はその痛みにたえかねて、その石粒を何とかしておのれと同じものに同化しようと願います。そしていままでは貝殻を育てていた養分を、この石粒に巻きつけます。永い月日をかけて、この石粒を少しずつ自分の体の一部に変えていくのです。永いものは五、六年を超えるとも聞きました。

こうして生まれるのが、あの美しく輝く真珠なのです。だから真珠とは、貝が自分の肉の中に異質の石粒を抱きしめて、苦痛にたえながら、何とかして、それをおのれに同化させようと、懸命につとめた涙の結晶だともいいえましょう。このように、真珠の美しい輝きは、そういう異質との同居、それとの葛藤の中でこそ生まれてくるのです。

このような異質との出会い、それとの共存、交流の中においてこそ、人格の変容、その脱皮と成長とが生まれてくるということは、教育学の根本原理でもあるわけです。ことに子どものころに、その環境を通して温かい愛情とともに厳しい試練をうけること、それによって、人間関係における接触と孤立をバランスよく経験をすることが重要で、その愛情と試練、それによる接触と孤立の経験を通してこそ、子どもは正しく成長することができるわけであり、成人してからも、人格的に成熟していくためには、そういう契機、そういう経験が大切であります。

親鸞は、そのことを充分に承知していて、『教行証文類』の「行文類」において、称名念仏の功徳、利益について明かすのに、「厳父《げんぷ》の訓導するがごとし」、「悲母《ひも》の長生するがごとし」と語っております。念仏を申して生きていくということは、念仏において、厳しさを味わいつつ、古い皮を少しずつ脱ぎ捨てながら、またその念仏において、温かさを味わいながら、念仏を栄養源として、少しずつ人格を育てていくことだと教えているのです。もしも真宗において語られる信心が、その人格変容に何らの関係もないような教えであり信心であるならば、その理解が誤っており、その信心は嘘の信心です。

仏教とは、私たち人間一人ひとりの生き方について教えるものです。親鸞によって説かれた真宗念仏の教えも、私たちのまことの生き方について教えるものです。真宗は決して死んだあとのことについて教えるものではありません。仏教も真宗念仏も、まったくこの厳しい現実の人生を、どう生きるかということについて教えてくれるものです。

そして私たち一人ひとりが、まことの幸せな人生を築くためには、何よりもその心を豊かに育て、人格的に成熟していくことが、いちばん大切であると教えるのです。だから真宗における信心とは、その一人ひとりの人格について、少しずつ脱皮し成長をもたらしてくれるものなのです。

3　少しずつマシになる

近代のはじめのころ、日本の女子教育、ことには真宗念仏の心にもとづく女子教育を志して、さまざまな苦労の末に今日の京都女子大学の礎石を築かれ、いろいろと法味豊かな随筆集を残されている甲斐和里子《かいわりこ》（一八六八～一九六二）さんが、その晩年に自分の信心について語られた中で、

私は年をとって外面はいよいよ不細工になってゆくけれども、内面の心根の方は、老いるにしたがって、すこしずつマシになってゆくように思われます。そういうと、人は苦笑されるかも知れませんが、何んといわれても、私は若いときより年をとったいまが、すこしマシになったように感じられます。人間がすこしずつでもマシになるということは、ただごとではありませんが、これもひとえにお念仏のおはたらきです。

といっておられますが、私はここに、真宗の信心に生きる者の、まことの姿が明かされているように思います。真宗の教えを聞くようになり、念仏を申す日々がすごせるようになったら、人間少しずつ「マシになっていく」ということでなければなりません。

念仏を申し、仏を信じて生きるということは、たとえどれほどわずかであろうとも、古

い自分の皮を脱ぎながら、新しい自分に向っていっそう成長していくということでなければなりません。そしてそのことは、この生命のあるかぎり、いよいよ深められていくべきであります。

真宗において仏を信心するとは、またこのような、脱皮と成長を重ねて生きていくということにほかなりません。このことは浄土真宗の教えを学ぶについて、お互いに心して受けとめるべき、真宗における信心の大切な性格でもあります。

4　仏に成るべき身に成る

そのように、真実信心をひらくならば、その必然として、人格変容が生まれてくることになり、それなりの人間成熟が成立してくるということについて、親鸞はしばしば「仏に成るべき身に成る」と申しております。すなわち、

まことの信心をえたるひとは、すでに仏になりたまふべき御身《おんみ》となりておはしますゆへに、如来とひとしきひとと経にとかれてさふらふなり。（『末灯鈔』）

念仏を信ずるは、すなわち、すでに智慧をえて、仏になるべきみとなるは、これを愚痴をはなるることとしるべきなり。（『弥陀如来名号徳』）

などと明かし、また信心の人がうるところの利益としての正定聚および不退転という語に

左訓して、前者については、

かならずほとけになるべきみとなれるとなり。（『一念多念文意』）

と明かし、また後者については、

ほとけになるべきみとなるなり。（『一念多念文意』）

などと明かすところです。親鸞は、決してこの今生、現身においては、ただちに「仏に成る」とはいいません。やがては仏に成ることのできる、そういう「身に成る」というわけです。

ここでいうところの「仏になりたまふべき御身となる」、「仏になるべきみとなる」という場合の「み」「身」とは、もともと大和言葉としての「み」が、たんなる肉体、身体のことではなくて、「身にしみる」、「身にこたえる」、「身におぼえがある」などと使われるように、私たちの心、生命を含めた、全存在を包括するところの意味をもつものです。上に引用した文において、そのことが同時に、「智慧」をうることであり、「愚痴」を離れることだといわれることからしても、それは明らかに、その人格主体、その全存在そのものを指していることが知られます。

いま親鸞が、信心の人を呼んで、「仏になるべき身になる」というのは、このような真宗における信心において、新しい人間として育てられ、成熟していくところの、人格主体についていったものにほかなりません。

私は、私とご縁のあった学生さんとお別れするときに、よく依頼されて色紙を書くことがありましたが、そのときには、しばしば、

この世の出来事は　何事も何事も　お念仏の助縁《じょえん》と心得べし

と書いてきました。この言葉は、私の若いころからの私自身の人生訓でもあり、この人生における悲しみも苦しみも、そして喜びも、それらすべては、私が念仏を申すための助縁であると思いとって生きよ、という自誡の言葉です。

このような姿勢をもって人生を生きていくところ、私自身の内面において、まことにささやかながらも、古い私と新しい私との闘い、「きびしさ」と「やさしさ」の統一が成立し、それを契機として、私自身における人間的な脱皮と成長、その人間成熟が恵まれてくるように思っていることです。キリスト教や、そのほかの宗教では、神の支配、神の摂理《せつり》にもとづいて、その「きびしさ」と「やさしさ」の契機を説きますが、真宗では、どこまでも私の仏道における行為、すなわち、私の称名念仏行にもとづくことによって生まれてくる契機です。

その称名念仏において、人生におけるさまざまな障碍、苦悩、その「きびしさ」を、基本的には、まず自己自身の業報《ごうほう》と受けとめつつ、いよいよ念仏に近づいていくところ、そ

の如来大悲《だいひ》の包摂《ほうせつ》、照育《しょういく》、その「やさしさ」に癒《いや》され、励まされて、それをよく克服し、超度していくことのできる、まことの新しい人格主体がいっそう育てられてくるように思うことです。真宗信心とは、そういう構造において、人間成熟をもたらすものなのです。

かくして、真宗者の現代社会における生き方は、このような信心体験による、人格主体の確立にもとづいてこそ、よく成立することとなるわけでありましょう。

あとがき

過ぐるアジア・太平洋戦争に際して、東西本願寺の両教団は、その戦争に全面的に賛成協力し、全国の真宗信者をして、その戦列に向けて動員していきました。そしてそこでは、天皇権威に拝跪《はいき》して、それを生き仏《いぼとけ》と呼び、阿弥陀仏の本願と天皇の本願は同じであるといいました。また国家神道に同化して、仏法は神道の一部であるといい、親鸞が教えた自《じ》然法爾《ねんほうに》とは、日本古来の神ながらの道のことだといいました。しかしながら、浄土真宗の開祖親鸞は、その天皇権威を厳しく批判して、国王に向って礼拝するなかれといい、また日本の神祇《じんぎ》は外教邪偽《げきょうじゃぎ》であって、崇拝してはならないと教言しているところです。

もしもこの本願寺教団が、かつての戦時下において、このような親鸞の思想、意趣を忠実に継承し、その国王不礼《こくおうふらい》、神祇不拝《じんぎふはい》の立場を鮮明にして、当時の国家権力に対して、いささかでも発言し、行動していたならば、たとえそのことを最後まで貫徹しえなかったとしても、戦後の日本国民は、それによって、親鸞の思想の真実性について深く認識し、また本願寺教団の社会的な存在意義を高く評価したことでありましょう。そしてまたそのことによって、戦後の真宗教団の歴史は、大きく変っていたことであろうと考えられます。

ところが、この教団は、そういう開祖をいただきながら、その真意を裏切って、もっぱら国家権力に易々として迎合していったわけであり、戦後の賢明なる日本の民衆は、そのような国家体制に追随し、世俗に転落した欺瞞《ぎまん》の本願寺教団に失望して、その教団の存在意義を、まったく無視するようになったことは明白です。それが今日における東西本願寺教団に対する、日本の民衆のいつわらざる意識でありましょう。

そこにはもはや、人々の精神生活を指導するエネルギーが存在するとは、誰しも認識しておりません。あの京都の本山の大屋根は、たんなる風景として見られているだけです。それが戦後の東西本願寺教団に対する、日本の大衆のいつわらざる感情でしょう。まことに悲しいかぎりです。

その点、当時の本願寺教団の首脳者たちの責任はまことに重大であり、ことには、その親鸞の思想について研究し、講義をしていた教学者《きょうがくしゃ》たちの罪科《ざいか》は、まことに重大にして深刻であるといわざるをえません。そのことは当時のキリスト教徒の行動と対比されて、厳しく問われるところです。かくして、戦時下の東西本願寺教団には、親鸞はどこにも存在しなかった、まったく不在であったといわざるをえません。

しかしながら、そのような戦時教学を主唱した教学者たちは、戦後において、当時の自己の信心が誤っていたといって自己批判し、その教学について懺悔《さんげ》、修正した者は、誰ひとりとしておりません。戦時下の行動については、何らの責任をとることもなく、戦後もそのまま大学で親鸞を語り、教団では、それぞれその教学における最高の地位を占めておりました。その意味においては、戦後の東西本願寺教団においても、親鸞はどこにも存在してはいない、不在であったといわざるをえません。

私は早くより、この教団の戦争責任を問い、ただちに親鸞の原意趣に的確に回帰すべきであると、くり返して主張してきましたが、西本願寺の教団権力からは、かえって異端として排除され、いまに至っております。その意味においては、私は体験的にも、この教団には、いまもなお親鸞はいない、不在であることを知っております。

今日のこの本願寺教団が語っているものは、まったく似て非なる非親鸞的な教義でしかありません。このままだとするならば、賢明なる大衆は、こんな親鸞不在のいつわりの教法を学ばなくなっていくことは必定でありましょう。それは、今日において各地の寺院の法座に参聴する人が減少していることの最大の理由でもあります。もしもこのまま非親鸞的な教えを語りつづけるならば、この本願寺教団から、まことの親鸞の教法は完全に消滅していき、ただ祖霊崇拝《それいすうはい》の儀礼だけが残って、民俗宗教化していくことは火を見るよりも明らかであります。

しかしながら、私は長い間、親鸞の教えを学び、それに育てられた者として、まことの親鸞の意趣が、これからもなお、心ある人々に対して、少しでも伝わることを願わずにはおれません。そこで、これから私は、京都の本願寺が説く浄土の偽宗《ぎしゅう》とは異なったところの、まことの親鸞の教え、浄土の真宗《しんしゅう》の教法を学ぼうとされる真摯《しんし》な人々のために、『真宗学シリーズ』という名のもとに、真宗教義の基本原理について、できるだけ易《やさ》しく、しかもまた、体系的にすじみちを通して解説した書物を刊行したいと思います。本書に続いて『真宗学概論　真宗学シリーズ2』と『浄土教理史　真宗学シリーズ3』の刊行を予定しており、さらに生命ある限り続編を執筆してゆきたく念願しております。

かくして、かつて近世時代に、京都の本願寺が日本の神祇崇拝に妥協して、もっぱら三教（仏教、神道、儒教）一致論を唱えたことに抵抗して、日本各地の心ある真宗者たちが、親鸞の教えに従って神祇不拝を貫徹したように、また、明治から昭和初期まで生きた妙好人浅原才市《さいち》さんが、本願寺の二元論的な伝統教学とは異質な、まことの真宗なる生仏一元論の信心を生きたように、そしてまた、かつてのアジア・太平洋戦争下において、京都の本願寺が狂気のように国家体制に賛同、協力したのに対し、地方の真宗者たちが、それを冷静に批判し、抵抗したように、これからの日本の各地において、まことの真宗念仏者が多く育っていくことを念じてやみません。私は残された生命を、そのために捧げつくしたいと思います。伝統的な教団の枠を離れて、まことの親鸞の教えを学ぼうと願われる人々の、いっそうの結縁と交流を念じるところであります。

なお最後になってまことに恐縮至極ですが、このような企画刊行を領承してくださった、法藏館会長の西村七兵衛氏と社長の西村明高氏に深甚なる謝意を表し、またその編集業務を推進していただいた、甘露の会の池田顕雄氏に心より御礼を申しあげます。

二〇一〇年一月十六日

信楽峻麿

信楽峻麿（しがらき　たかまろ）

1926年広島県に生まれる。1955年龍谷大学研究科（旧制）を卒業。1958年龍谷大学文学部に奉職。助手、講師、助教授を経て1970年に教授。1989年より1995年まで龍谷大学学長。1995年より2008年まで仏教伝道協会理事長。

現在　龍谷大学名誉教授、文学博士。

著書に『信楽峻麿著作集全10巻』『教行証文類講義全9巻』『真宗の大意』『宗教と現代社会』『仏教の生命観』『念仏者の道』（法藏館）『浄土教における信の研究』『親鸞における信の研究』（上・下）『真宗教団論』『親鸞の道』（永田文昌堂）『The Buddhist world of Awakening』（Hawaii Buddhist Study Center）その他多数。

現代親鸞入門　真宗学シリーズ1

二〇一〇年四月二〇日　初版第一刷発行

著　者　信楽峻麿

発行者　西村明高

発行所　株式会社　法藏館

京都市下京区正面通烏丸東入

郵便番号　六〇〇 - 八一五三

電話　〇七五 - 三四三 - 〇〇三〇（編集）

〇七五 - 三四三 - 五六五六（営業）

印刷・製本　亜細亜印刷株式会社

ISBN978-4-8318-3271-9 C0015